Russische Alltagskultur

Nach Russland-Reihe

russland-buecher.ru

Mein Dank gilt allen Russen, die mich gelehrt haben, in diesem Land zu leben und die Geduld besaßen, mir beizubringen, wie man richtig Winterschuhe kauft und das auch Köpfe unterschiedlich groß sind.

Sandra Ravioli

Russische Alltagskultur

Von A wie Aberglaube bis Z wie Zeit

Bibliografische Information der Deutschen Nationalbibliothek. Die Deutsche Nationalbibliothek verzeichnet diese Publikation in der Deutschen Nationalbibliografie; detaillierte bibliografische Daten sind im Internet über http://dnb.d-nb.de abrufbar.

Die Informationen in diesem Buch wurden sorgfältig recherchiert, alle Angaben erfolgen dennoch ohne Gewähr. Eine Haftung von Seiten der Autoren für Personen- Sach oder Vermögensschäden ist ausgeschlossen. Wo eine männliche oder weibliche Substantivform gewählt wurde sind dennoch immer beide Geschlechter gemeint.

Achtung!

Als Service für die Leser unserer Buchreihe haben wir einen Kundenbereich unter http://www.russland-buecher.ru, wo Änderungen und Neuigkeiten publiziert werden.

© April 2008 Sandra Ravioli. Alle Rechte vorbehalten. Keine unerlaubte Vervielfältigung oder Verbreitung. Herstellung und Verlag: Books on Demand GmbH, Norderstedt. ISBN 978-3837046786. Die Homepage der Nach Russland-Reihe findet sich unter www.russland-buecher.ru; Umschlaggestaltung: Britta Skulima, Homepage der Designerin deadseriousdesign.de

Über dieses Buch: Jeder ist außerhalb seines Heimatlandes zuerst einmal ein Fremder. Andere Länder, andere Sitten – dies ist ohne Wertung zu verstehen. Im Gegenteil, erst im Fremden können wir die Prägung unserer eigenen Alltagskultur begreifen. Warum ist es wichtig in Russland keine Löcher in den Socken zu haben? Wieso sind Restaurants in russischen Städten immer voll, obwohl die Bevölkerung so wenig verdient? Welche technische Raffinesse braucht es für russische Dosenöffner? Warum sind männliche Jugendlichc in Russland so cool? Auf dies und vieles mehr gibt der durch und durch praktische Ratgeber „Russische Alltagskultur" Auskunft. Ein Sachbuch für den verständlicheren, respektvollen, täglichen Umgang in Russland. Geeignet für alle Lebenslagen.

Über die Autorin: Sandra Ravioli, in Basel geboren, Ökonomin mit Schwerpunkt Finanz- und Rechnungswesen, lebt seit 1992 in Russland und ist als Privatdozentin für diverse Universitäten tätig. Sie arbeitet in Moskau als Projektmanagerin für unterschiedliche Unternehmen.

Die Aufgabe der Kultur ist es, im Menschen das soziale Gewissen und die soziale Moral zu entwickeln und zu stärken und alle Fähigkeiten und Talente des einzelnen zu organisieren.

Maxim Gorkij, (1868 - 1936), russischer Erzähler und Dramatiker, (Quelle www.aphorismen.de)

Inhalt

Anhang

Vorwort

Andere Länder, andere Sitten. Wer die Sitten eines Landes kennt, fühlt sich im Lande wohler und tritt auch nicht in jedes Fettnäpfchen hinein.

Dort, wo Sitten und Bräuche anders sind, hat dies bei genauer Betrachtung immer seinen Grund. Es ist viel einfacher fremdartiges zu akzeptieren, wenn man die Weisheit hinter dem Brauchtum kennt.

Klima, geographische Gegebenheiten aber auch soziologische und historische Entwicklungen führen von Land zu Land, selbst innerhalb des kleinen Europas, zu eklatanten Unterschieden.

Jeder Mensch ist außerhalb seines eigenen Landes ein Ausländer. Diese einfache Weisheit hilft auch im Inland. Wer im Ausland gelebt hat, weiß, wie wenig sich in vielen Ländern die Einwohner über Benimmverstöße von Ausländern ärgern und kann davon auch zu Hause profitieren. Denn man vesteht, dass auch bei einem zu Hause vieles anders und für Fremde fremdartig ist.

Dieses Buch ist nicht nur ein Ratgeber über die Alltagskultur, sondern auch ein praktischer „Überlebensratgeber". Dort, wo das Klima rau ist und die Winter lang sind, muss man sich anders verhalten oder anders einkaufen, als dies im wärmeren Westeuropa der Fall ist.

Wenn wir uns mit der Alltagskultur eines anderen Landes beschäftigen, verstehen wir auch unsere eigene Kultur besser. In der direkten Konfrontation erfährt man vieles über seine eigenen Vorurteile und die Prägung aus Kindertagen, aus dem eigenen Heimatland.

Auf alle Fälle hilft es einander besser zu verstehen und zu achten.

Dieses Buch soll helfen, leichter Kontakt zur Bevölkerung zu finden und Russland und seine Menschen lieben zu lernen.

Die Herausgeberin, im Frühling 2008

A

Aberglaube

Jedes Land hat seinen eigenen Aberglauben. Während es in vielen islamischen Ländern die Hand der Fatima ist, die vor dem bösen Blick schützt, ist es in Russland ein rotes Bändchen.

Dieses rote Bändchen sieht man vorzugsweise bei Hunden und manchmal bei Babys. Die berühmte schwarze Katze und das Hufeisen braucht man einem deutschsprachigen Leser nicht näher zu bringen, wohl aber den Blick in den Spiegel. Wer etwas zu Hause vergessen hat und nochmals in die Wohnung muss, wird in Russland gerne von älteren Damen aufgefordert kurz in den Spiegel zu sehen. Soll vor Unglück schützen.

Hände schüttelt man in Russland nicht über einer Türschwelle – dies soll zu Zerwürfnissen führen. Vor einer Reise setzt man sich nochmals kurz hin. Heute ist es einfach als Brauch gedacht, um sich zu sammeln. In früheren Zeiten sollte es eine glückliche Rückkehr garantieren.

Abstand

Zu den individuell gefühlten Benimmregeln gehört der körperliche Abstand zwischen Menschen. Während in asiatischen Ländern dieser auf ein Minimum reduziert ist, ist er in Westeuropa – insbesondere in den deutschsprachigen Ländern – im Vergleich zu den lateinischsprachigen Ländern recht groß. In Russland ist dieser Abstand irgendwo zwischen Italien und China anzusiedeln. Insbesondere in den öffentlichen Verkehrsmitteln ist er deutlich geringer als in Deutschland; aber noch nicht ganz so gering wie in Peking. Ansonsten sind Russen sowieso herzliche Menschen und das kurze Berühren mit Küsschen unter Frauen ist keine Modeerscheinung, sondern Ausdruck echter Freude. Entgegen der landläufigen Meinung, nur männliche Wesen aus dem Kaukasus geben einander Küsschen auf die Wange.

Arbeit

Die Arbeitswelt funktioniert traditionell etwas anders, als man dies in Europa gewohnt ist. Allerdings ist dies eher zum Vor- als zum Nachteil des Arbeitsuchenden.

Arbeit suchen und finden

Während man in Westeuropa seinen Arbeitsplatz vorzugsweise über Zeitungsinserate von Arbeitgebern und Onlineportale findet, ist in Russland die persönliche Empfehlung der beste Türöffner. Erste Anlaufstelle für jemanden, der sich einen neuen Arbeitsplatz sucht, sind die Freunde, Bekannte und Verwandte.

Firmen stellen gerne Leute auf persönliche Empfehlung eines Menschen ein. Zum einen gibt es in Russland keine Arbeitszeugnisse und die noch existierenden Arbeitsbücher sagen nichts über die tatsächlichen Fähigkeiten des Mitarbeiters aus. Zum anderen sind Diplome mit Vorsicht zu genießen und nicht immer echt. Der Witz, „An welcher Metrostation hast du dein Diplom gekauft", ist uralt.

Bei persönlichen Empfehlungen haftet sozusagen derjenige, der jemanden empfohlen hat. Erfüllt der neue Mitarbeiter nicht die Hoffnungen, die man in ihn gesetzt hat, kann man sich entweder beim gemeinsamen Bekannten beschweren oder weiß, „nie wieder" etwas auf die Empfehlung der Person X zu geben .

Man sollte auch selber vorsichtig bei Unbekannten sein und nicht leichtfertig Menschen an einen Arbeitgeber empfehlen. Dies kann schlecht für den eigenen Ruf sein

Arbeitsplatz

Halbtagsarbeit, Timesharing-Modelle und Heimarbeit sind in

weiten Teilen der Bevölkerung eher unbeliebt. Viele geben an, ihnen würde durch solche Arbeitsmodelle der ganztägige Kontakt zu den Kollegen fehlen (siehe auch Arbeitskollektiv).

Arbeitskollektiv

Das Arbeitskollektiv oder einfach die Kollegen sind für viele Russen sehr wichtig.

Traditionell stammt dies aus der sowjetischen Arbeitswelt, wo auf wenige Arbeitsplätze manchmal viele Mitarbeiter kamen und man sich die anfallende Arbeit sozusagen geteilt hat, oder auch aufsparte. Zudem deckten die Kollektive Kollegen die für Besorgungen aus dem Haus waren. Das Fälschen von Statistiken z.B. für Produktionen, die wegen fehlender Grundmaterialien oder durch das Abzweigen von Endprodukten, nicht erfüllt werden konnten, machte es notwendig, dass die Kollektive auch ihre Vorgesetzten im eigenen Interesse deckten. Der Stellenwert des Kollektivs als wichtiges Moment, um sich am Arbeitsplatz wohl zu fühlen, hat bis heute nichts von seiner Bedeutung verloren. Dabei zieht sich dieses Wohlfühlargument durch alle Branchen und Arbeitsbereiche und besitzt einen sehr hohen Stellenwert.

Arbeitszeiten (siehe auch Öffnungszeiten)

Büroarbeitszeiten sind typischerweise bei russischen Betrieben ab 10.00 bis 18.00 Uhr manchmal auch ab 9.00 Uhr. Bei staatlichen Dienstleistungen hängt an der Tür meistens ein Schild, das Auskunft z.B. über die Mittagszeiten gibt und darüber, an welchen Tagen überhaupt welche Papiere angenommen oder herausgegeben werden.

Ärztliche Versorgung (siehe unter Medizin)

Aufmerksamkeiten

„Kleine Geschenke erhalten die Freundschaft", so sagt ein altes deutsches Sprichwort.

In Russland geht es einfach um die damit gezeigte Anerkennung und ist für ein sozial freundliches Miteinander und den „Goodwill" im Alltag sehr wichtig. Aufmerksamkeiten sind dort angebracht, wo jemand über seine vorgeschriebene Tätigkeit hinaus geholfen hat oder sofort geholfen hat, obwohl er dies auch hätte aufschieben können. Typische Orte für Aufmerksamkeiten sind medizinisch staatliche Einrichtungen, administrative Stadtdienste etc. Für Ausländer auch Angestellte bei der Bank die beim Ausfüllen von Papierchen, bei Anmeldungen usw. helfen.

Ausleihen

Russen verleihen ungern Gegenstände. Dafür sind sie umso großzügiger beim Verleihen von Geld. Dies ist auch ein Erbe aus der Sowjetzeit, als Geld einfacher zu ersetzen war, als ein Videoapparat oder eine Kamera.

Von Freunden oder Nachbarn, die sich kurzfristig Geld ausleihen, werden üblicherweise keine Zinsen genommen. Dies gilt als kleinlich und unfreundlich.

Ausstellungen

Gebildete Russen gehen deutlich häufiger und lieber in Ausstellungen als Westeuropäer.

Ob Vernissagen, Themenausstellungen oder Messen: Der

14

Zulauf ist groß.

Auto

Der russische Mann wird hinter dem Lenkrand, unabhängig von seinem Alter, gerne zum jugendlichen Hooligan. Es ist jedoch bewunderungswürdig, wie die Russen auch im ärgsten Schneegestöber und auf vereisten Straßen mit ihrem liebsten Spielzeug, dem Auto, zurechtkommen.

Autofahren

In den Großstädten muss man sich daran gewöhnen, dass Russen aus einer dreispurigen Straße gerne fünf Spuren während eines Stau machen. Überholt wird auf breiten Straßen nicht nur rechts, sondern auch links. Zudem fährt man gerne sehr dicht auf den vorderen Wagen auf. Häufige Spurwechsel sind dabei so normal wie das dazugehörende ausgiebige Schimpfen auf andere Verkehrsteilnehmer.

Das Wort Reißverschlussverkehr darf man getrost vergessen, den es gilt: der Stärkere und Frechere hat Recht. Ein ganz anderes Bild auf Überlandstraßen. Außerhalb der Metropolen und Abseits der stark befahrenen Transitstrecken gehört einem manchmal die ganze Straße alleine. Frauen passen sich entweder der männlichen Fahrweise an, oder werden als Verkehrshindernis wahrgenommen. Die meisten Russen fahren durch Dörfer deutlich zu schnell, bremsen aber (auch ohne Scheibenaufkleber) für Katzen und Hunde.

Autoreifen

Waren einst eine Mangelware, und aus alter Gewohnheit trennen sich russische Männer wirklich nur ungern von abgefahrenen Reifen. Alte Reifen werden auf Balkonen gestapelt, in der Garage oder auf der Datscha. Im Winter sollte man auch im Stadtverkehr lieber Spikes verwenden. Dabei sind die russischen zu empfehlen.

Sie kosten viel weniger als Importreifen, halten aber länger. Mit Spikes darf man in Russland überall fahren.

Autoreparatur

Hier gilt immer: einen Russen fragen. Manchmal kann die kleine Privatwerkstätte, die es offiziell gar nicht gibt, viel besser sein als eine offizielle Werkstatt. Wie bei Ärzten, lässt man sie sich einfach durch Bekannte empfehlen. Eine Ausnahme bilden in diesem Fall neue Importfahrzeuge. Bei zuviel Elektronik bleibt nur der Gang zur teuren Spezialwerkstatt. Wer mal übrigens fernab einer Stadt einen Mechaniker braucht, einfach im nächsten Dorf fragen. Russen vollbringen wahre Wunder beim Reparieren von allem Möglichen und können durchaus auch mal ein Ersatzteil selbst basteln.

B

Babuschka (бабушка)

Die Omas machen es möglich, dass rund 30 Prozent der Kinder ohne Vater aufwachsen und etwas mehr als 30 Prozent der Mütter noch deutlich unter 25 sind. Während die Mama an der Hochschule lernt oder ihrem ersten Job nachgeht, sind es die Omas dieses Landes, die ihre Enkel großziehen. Rund 27 Prozent aller Kinder werden gemäß der russischen Statistik von den Großeltern betreut. Renten, die weder für Mallorca noch für teure Hobbys reichen, machen dies möglich. Was würde wohl passieren, wenn morgen die Renten ein vernünftiges Einkommen sichern würden?

Begrüßen

Beobachten Sie mal in der Metro drei männliche Jugendliche, die sich treffen. Sehenswert, wie sie sich männlich-cool die Hand reichen und sich auf die noch kaum vorhandenen Schultern klopfen. Während man Frauen im Regelfall die Hand nicht gibt (außer die Dame strecke selbst ihre Hand entgegen), bis zum Extrem des Handkusses alter Schule (Achtung: Dabei wird die Hand in Wirklichkeit nicht mit den Lippen berührt, sondern nur an den Mund geführt), ist das Ritual unter Männern sehr amüsant. Ein richtiger Kerl verkneift es sich selbst beim Hundespaziergang nicht, , männlichen Hundebesitzern die Hand zu reichen. Nicht wundern sollte man sich, wenn einem auch noch auf die Schulter geklopft wird. Beim Antrittsbesuch bei der Mutter einer Freundin, darf man sich auch eine kleine Verbeugung des Kopfes vor der Dame des Hauses als Mann von Welt erlauben. Wer nicht weiß, wie es geht, hier ein kleiner Tipp: Schauen Sie sich einfach Spielfilme aus Deutschland der 30er Jahre an.

Bekannte und Beziehungen

Bekannte sind das wichtigste Gut, das man in Russland hat. Sie sind die Türöffner zu einem Arbeitsplatz, bei Ämtern und im Bereich medizinische Betreuung sind Ärzte aus dem Bekanntenkreis allen anderen Varianten vorzuziehen. Über den Bekanntenkreis findet man Mitarbeiter und ab und an auch

die Frau oder den Mann fürs Leben. Während in der Sowjetzeit der Bekanntenkreis auch für den Erwerb von „Bückware"
oder Defizit (Waren, die ein Defizit darstellten und deswegen
nur schwer oder gar nicht zu bekommen waren und unter dem
Ladentisch lagen, d.h. die Verkäuferin musste sich Bücken,
DDR-Ausdruck) existenziell wichtig war, gilt er noch immer
in den Bereichen „Empfehlung" als das A und O des sozialen
und wirtschaftlichen Lebens in Russland.

Wer empfohlen wird, dem vertraut man eher. Missbraucht die
Person das Vertrauen, wird es der Person, die die Empfehlung
ausgesprochen hat, hinterbracht , was letztlich bei Missbrauch
zur absoluten sozialen Ausgrenzung führen kann.

Bemuttern

Russinnen bemuttern gerne, vor allem Gäste. Wer zu Gast bei
Russinnen ist, wird meistens mit Freuden von früh bis spät
bemuttert. Zum Bemuttern gehört auf den ersten Blick auch
die Idee, alles dreimal anzubieten. Sie werden gefragt, ob Sie
Tee möchten und diese Einladung wird, obwohl bereits abgelehnt, noch zweimal wiederholt.

Eine kulturelle Eigenart, die übrigens für junge Russen im
Ausland verhängnisvoll sein kein, denn wer erst einmal in
Deutschland ein Frühstück abgelehnt hat, wird nicht nochmals gefragt, ob er wirklich keines möchte. Der Ursprung
dieser Eigenart dürfte in der Erziehung liegen, die irgendwann im Laufe der Jahrhunderte wohl als Prinzip das sich
„Zieren" als Anstand formuliert hat. Hier gibt es zwischen
den geradlinigen deutschsprachigen Ländern und den Russen

18

die meisten Missverständnisse. Für die Deutschen gibt es nur „ja" und „nein", für die Russen „nein, aber wenn Du nochmals fragst werde ich es mir nochmals überlegen, also jaaaaaaaneeeeein".

Russische Gastgeberinnen scheinen auch immer Angst zu haben, dass die Gäste verhungern oder sich langweilen könnten. Eben ein richtig altmodisches bemuttern. Wen es wirklich nervt, der kann taktvoll versuchen zu erklären, dass er gewohnt sei für sich selbst zu sorgen und sich gerne melden werde, wenn er etwas benötige.

Berufsfeste siehe unter Feste
Bettler

In jeder Metro, vor den Kirchen und in Unterführungen begegnet man ihnen. Der Standartsatz „Wir sind nicht von hier" und die weiteren Erklärungen (Pässe geklaut, Papa tot, Oma krank und Opa im Krankenhaus etc. etc.) wurden auch schon in Musikhits verewigt. Verschwiegen wird dabei, dass die Kinder auf dem Arm oft nicht die eigenen sind, sondern „ausgeliehene". Warum? Die Polizei darf Frauen mit Kindern nicht festnehmen, sondern nur kontrollieren. Die meisten Bettler und Invalide gehören organisierten Bettlerbanden an. Dies gilt auch für die Musikgruppen in wild zusammen gewürfelten Tarnanzügen diverser Epochen und Einheiten. Auch dies sind organisierte Banden und keine Kriegsveteranen. Letztere tun zumindest tatsächlich noch etwas für Ihr Geld. Unter den Russen ist dies bestens bekannt, dennoch geben sie Geld. Ein Aberglaube besagt, „wer selbst morgen nicht arm sein will, muss Geld geben, um sich vor Armut zu schützen". Selbstverständlich geben die Leute Geld, die selbst am Tag kaum soviel verdienen, wie ein Metrobettler pro Stunde.

Blumen

Frauen in Russland lieben Blumen. Neben den klassischen „Blumentagen", 14. Februar (Valentinstag, der als Modewelle seit einigen Jahren durchs Land geistert) und dem 8. März (Frauentag), bekommt man aber eher von anderen Frauen, als von den praktischer eingestellten Männern Blumen. Blumen sind in Russland deutlich teurer als in Westeuropa. Gelbe Blumen sollte man nur dann kaufen, wenn eine Frau ausdrücklich gelbe Blumen mag, ansonsten gilt es als Symbol für Trennung. Übrigens: Auf Friedhöfe bringt man keine Blumen in ungerader Zahl, sondern in gerader, also zwei, vier, sechs. Lebende bekommen, wie bei uns auch, eine ungerade Menge.

Bücher

Bücher sind in Russland noch immer deutlich billiger als in Westeuropa. Doch auch hier steigen die Preise jährlich und rasant an. Die Russen lesen tatsächlich noch immer deutlich mehr als Westeuropäer. Mit Büchern vertreibt man sich die Zeit in den öffentlichen Verkehrsmitteln. Es findet sich kaum eine Damenhandtasche oder eine Aktentasche ohne Buch. Leider hat der Mainstream der Buchindustrie auch längst Russland erreicht.

Die Menge an Literatur aus der Sparte Krimi, Liebesroman und Horror ist deutlich größer, als anspruchsvollere Literatur. Die Romane aus den Bestsellerlisten westlicher Zeitungen erscheinen heute mit nur wenigen Monaten Abstand auch in Russisch. Die Menge der Bücher in einer Wohnung gilt in Russland noch immer als Bildungsindiz. Doch schon Lew Tolstoi sagte einst „Wir schreiben nicht in der Sprache, die wir sprechen" *(siehe dazu auch unter Kindergarten)*. Wer Russland verstehen möchte, dem empfehlen wir in unserer Linkliste einige sehr gute Romane in deutscher Übersetzung, die das Verständnis der „Alltagskultur" vertiefen können.

Business

Zu Beginn der 90er Jahre hat praktisch jedermann Business gemacht, auch die, die dafür überhaupt keine Veranlagung dafür hatten. Dies hat sich mittlerweile normalisiert.
Ansonsten hat vieles aus der normalen Alltagskultur auch in das Geschäftsleben Eingang gefunden. Das Miteinander ist herzlicher und persönlicher als man es in anderen Kulturkreisen gewohnt ist, der Zeitbegriff ist ein anderer und man ist auch im Geschäftsleben gastfreundlicher.

C

Computer und Internet

Während zu Beginn der 90er Jahre noch kaum jemand mit dem Computer umgehen konnte und die Überreste von Sälen mit tippenden Damen auf Schreibmaschinen noch bis Anfang 1993 zu bewundern waren, gehört heute der Computer in den

Großstädten zu einem ganz normalen Wohnungsinterieur. Selbst abgelegene Dörfer sollen über die örtliche Postdienststelle ans Internet angeschlossen werden und die Schulen werden flächendeckend mit Computern und dazugehörigem Unterricht ausgerüstet.

Das entsprechende nationale Programm erinnert dabei etwas an das Elektrifizierungsprogramm Lenins.

Wollte er einst Elektrik in jede Hütte bringen, so heißt die Losung heute „Computer und Internet auch im abgelegensten Dorf". 18 Millionen Internetanschlüsse soll es im Jahre 2007 gegeben haben. Dies sind 3 Millionen mehr, als Ende 2004. Die Zahl stimmt nicht ganz, denn ins Internet kann man in Russland auch noch über das Telefon mit einer Prepaid-Karte und über das Mobiltelefon gehen, wobei man keine IP Adresse bekommt und somit wohl nicht in den 18 Millionen enthalten ist. Ein Gerücht besagt, 40 Millionen Russen (rund ein Drittel der Bevölkerung) das Internet nutzen. Russen sind grundsätzlich sehr begeistert von Technik. Dies zeigt auch ein Blick unter *das Stichwort Mobiltelefone.*

D

Datscha (Дача)

Eine Datscha macht eigentlich nur dann richtig Spaß, sofern sie nicht die eigene ist. Die eigene Datscha muss geputzt und nach einem langen Winter gelüftet und geheizt werden eine richtige Datscha verfügt über einen Holzofen). Die Zeiten, in denen Städter auf der Datscha Gemüse angepflanzt haben, sind längst vorbei. Gemüsegärten sind im Regelfall nur dann vorzufinden, wenn auf der Datscha die Oma den ganzen Sommer über wohnt. Für viele junge Familien, die sich keine eigene Wohnung leisten können und deshalb mit ihrer Familie bei den Eltern oder sogar Großeltern wohnen, ist der Frühling eine ersehnte Jahreszeit, da die älteren Angehörigen, sofern es ihre Gesundheit erlaubt, für einige Monate auf der Datscha sein werden. Im Sommer schickt man die Kinder nach und fährt selbst an den Wochenenden ab und an hin, bringt Lebensmittel, geht im Wald spazieren und macht Schaschlik im Garten. Viele Datschen sind alles andere als schick oder romantisch. Auf Datschas hat der Sowjetbürger gerne die alten Sachen verstaut, die er nicht wegwerfen wollte. Bei kaputten Fernsehern angefangen (man hätte theoretisch vielleicht mal ein Ersatzteil benötigt), bis zum alten Sofa und dem alten Kühlschrank. Junge Leute sammeln heute diese Dinge nicht mehr, aber auf Datschen, wo sich auch die älteren Familienmitglieder einfinden, kann man solche Dinge bis heute finden. Auf der Datscha wird auch gerne in alten Klamotten herumspaziert. Auf dem Land achtet keiner auf das Label.

Dieb im Gesetz (Вор в законом)

Für Westeuropäer ist die Faszination mancher Russen für diese Menschen schwer nachzuvollziehen. Diebe im Gesetz sind Kriminelle, die aber nach bestimmten, von den Dieben selbst erstellten, Gesetzen handeln. Diebe im Gesetz gibt es in Russland seit rund 200 Jahren. Aus westeuropäischer Sicht gibt es ganz leichte Parallelen zur italienischen Mafia. Diebe im Gesetz haben eigene Richter, meistens einer der ihren, der sich sozusagen zur Ruhe gesetzt hat.

Bei Streitigkeiten zwischen einzelnen Banditengruppen spricht dieser „Recht unter eben deren eigenen Gesetzen". Zu diesen Gesetzen gehört der Umgang mit Kinderschändern in Gefängnissen, dass arme Leute nicht bestohlen werden und Frauen nicht ausgeraubt. Zu den berühmtesten Dieben im Gesetz gehört in Russland „das goldene Händchen" – eine Frau, die in erster Linie Schmuck stahl. Alle Diebe im Gesetz verfügen über Spitznamen.

Dosenöffner

Russische Dosenöffner sind eine echte Herausforderung. Nur wer in der Armee war oder ein Faible für reichhaltige Taschenmesser hat, dürfte sofort hinter seine Funktionsweise kommen. Alle anderen werden verzweifelt nach dem kleinen Rädchen suchen, mit dem man üblicherweise einen Dosenöffner benutzt. Als Frau bekommt man den Holm nur als Einheimische in die Dose, da hilft ein kleiner Trick, kurz mit der Suppenkelle drauf hauen und drin ist er. Dann geht's mit reiner Muskelkraft, durch rauf und runter bewegen, fröhlich im Kreis herum.

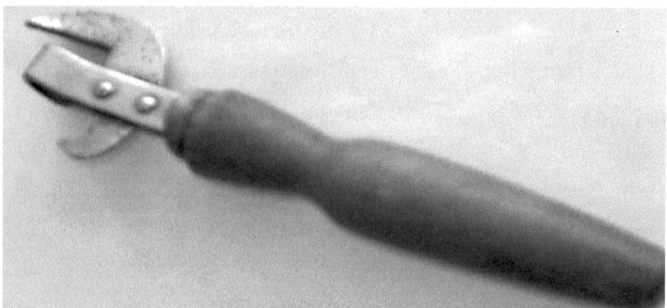

E

Eingemachtes

Den älteren Omas sei dank, noch gibt es selbst Eingemachtes.
Wer auf dem Lande zu Besuch ist, wird gerne mit eingemach-
ten Salzgurken, Kompott, Pilzen und vielem mehr beglückt.
Jede Familie verwendet dafür ihre eigenen, manchmal über
Generationen überlieferten Rezepte. Gurken werden übrigens
in einer Salzlake anstelle einer Essiglake zubereitet. In früheren Zeiten war Essig entweder eine Rarität, oder das, was wir
unter dem Putzmittelnamen „Frosch" kennen: künstlicher
Industrieessig, der gerne für Selbstmordversuche (und manchmal auch Mordversuche) verwendet wird. Wer eine Flasche
davon trinkt, kann, selbst wenn er überlebt, seinen Magen
vergessen.

Einkaufsbummel

Die meisten russischen Frauen lieben den Einkaufsbummel,
wobei damit nicht unbedingt auch „kaufen" gemeint ist. Man
liebt es, auch einfach zu gucken. Ein echtes Erlebnis ist Ikea
am Sonntag im Winter. Ganze Scharen von Familienverbän-
den bewegen sich durch die Einkaufsräume. Beendet wird der
sonntägliche Spaziergang nicht unbedingt mit dem Erwerb
eines Möbelstückes, aber garantiert mit Hot Dogs und Eiscre-
me.

Einladen
Einladungen können in Russland auch kurzfristig erfolgen.

Wer nur seine Kumpels oder als Frau die Freundinnen einladen möchte, kann dies dementsprechend bei der Einladung mitteilen. Bei Paareinladungen gelten Kinder und Haustiere üblicherweise als miteingeladen. Allerdings darf man in Russland auch den Wunsch äußern, „bitte ohne Kinder" (als besonders freundlich gilt es aber nicht). Man lädt in Russland in Firmen auch ausländische Gäste ein. Dass ein Mitarbeiter einer ausländischen Tochtergesellschaft in Russland seine Abende allein in Moskau verbringen müsste, gilt den Russen als unfreundlich. Umso mehr wundern sich Russen, wenn sie als ausländische Spezialisten in einer westeuropäischen Firma arbeiten und keiner nicht das mindeste Interesse an seinem ausländischen Kollegen zeigt, geschweige denn ihn irgendwohin einlädt. Nichtvergessen: wenn Sie jemanden einladen wollen und derjenige ziert sich, einfach die Einladung wiederholen *(siehe auch unter bemuttern)*.

Essen

Essen ist vor allem eine Form „Gastfreundschaft zu zelebrieren". Essen ist in Russland mehr als Nahrungsaufnahme, es ist auch geselliges Beisammensein. Dies merkt man vor allem auch am Verhältnis der Russen zu Restaurants (mehr dazu unter diesem Stichwort). Das Beste an der russischen Küche sind die Sakuskas (Vorspeisen), von denen es immer reichhaltig auf Tellern und Schüsseln auf dem Tisch gibt. Allerdings, die Zeiten ändern sich und heute essen insbesondere Frauen in der Großstadt schon längst figurbewusst . So werden unsere grünen Salate auch in Russlands Großstädten geschätzt und was einst der Kefir war, ist für die Großstädterin heute Imu-

Imunele von Wimm Bill Dann . Der Zeitschriftenmarkt mit Rezepten für Diäten ist von der Menge der Titel her deutlich größer als in Westeuropa. Mehr als 10 spezialisierte Titel machen sich den Markt streitig. Grüner Salat und Joghurt zeigen auf alle Fälle Wirkung. Noch vor drei Jahren waren Russen im Winter deutlich grauer im Gesicht als andere Nationen. Nun kauft man in Moskau das ganze Jahr über Vitamine und die Gesichtsfarbe wirkt deutlich gesünder. Es gibt noch ein russisches Phänomen: Die Russen mögen auch im Erwachsenenalter Brei (oder in Russisch Kascha, каша genannt). Kascha wird von Kindern genauso gern gegessen, wie von erwachsenen Männern. Doch auch hier zeigt sich ein Unterschied zwischen Stadt und Land: In der Stadt wurde der Frühstücksbrei mittlerweile durch das Müsli abgelöst.

Essenszeiten

Viele Russen mögen ein reichhaltiges Frühstück (wohl ein Überbleibsel, als das Kantinenessen nicht empfehlenswert war). Zudem beginnt der Bürotag deutlich später als in Westeuropa. So gilt als Lunchzeit die Zeit zwischen 13.00 bis 15.00 Uhr als normal. Zu Abend wird kaum vor 20.00 Uhr gegessen – schon deshalb, weil die meisten berufstätigen Menschen relativ spät nach Hause kommen.

Euroremont

Es müsste zum russischen Unwort der letzten 10 Jahre gekürt werden. „Remont" heißt nichts anderes als Renovierung. Mit dem Zusatz „Euro" wird hier suggeriert (oder zumindest gehofft), etwas entspräche dem europäischem Standart.

Besonders bei der Wohnungssuche ist das Wort in Anzeigen Beliebt. Aber auch Bekannte und Freunde können voller Stolz zum Abendessen einladen „um ihren Euroremont" vorzuführen. Da man Neubauwohnungen eigentlich als reine Betonburg ohne Innenausbau kauft, dauert dieses Wunderwerk manchmal mehrere Jahre. Kein Russe wird Ausländer gerne in eine halbfertige Wohnung einladen. Zuerst muss der Eurremont abgeschlossen werden.

F

Fahrrad fahren

Findet jedes Jahr in den Großstädten mehr und mehr Anhänger. Noch fehlen Fahrradwege, weswegen dem Sport vor allem in Parks gefrönt wird. Fußgänger und Hunde sollten dabei nicht unbedingt ausprobieren, wer um wen einen Bogen macht. In den Parks scheint das Fahrrad das Auto auf der Straße ersetzt zu haben, ganz nach dem Motto „der Stärkere hat Recht".

Fernsehen

Dass Russland das Land der Extreme ist, zeigt sich auch hier. Entweder läuft der Fernseher praktisch im Dauerbetrieb, oder die Leute sind absolute Fernsehverweigerer. Filme kann man sich gänzlich werbefrei im Internet ansehen (von dieser Möglichkeit scheinen zumindest die jüngeren Moskauer regen Gebrauch zu machen). Die zwei Staatssender RTR und

1. Kanal scheinen sich besonders am Wochenende auf ein Publikum deutlich über 60 zu konzentrieren. Gnadenlos werden die alternden Stars und Sternchens der 50er Jahre geliftet und in Perücken stundenlang präsentiert. KWN, einst eine Fernsehshow zwischen Hochschulen, in dem Sketche und Ähnliches von Studenten präsentiert wurden, gibt es immer noch. Allerdings, sind die meisten Darsteller nicht nur nicht mehr im Studentenalter, sondern das Programm wird längst absolut professionell gemacht. Leider ist es damit auch langweilig und berechenbar geworden. Der TV-Dauerbrenner heißt Dom2. Die Reality Show des Senders TNT läuft seit über drei Jahren, hat internationale Preise – selbst in den USA – gewonnen und wird von der Tochter des verstorbenen Bürgermeisters von Petersburg, Sobschak, moderiert. Unter diesem Bürgermeister begann einst Putin seine politische Karriere. Dieser Dauerbrenner läuft täglich mehr als 2 Stunden. Da das Fernsehen aber wenig für junges Publikum zu bieten hat, ist seine Popularität verständlich. Ansonsten beglückt russisches Fernsehen mit Serien und nochmals Serien – die meisten braucht man nicht gesehen zu haben. Nicht zu vergessen sind durchaus interessante Dokufilme. Leider oft mit einem Hang zur „Nekrophilie" – wer schon tot ist, will kein Geld für alte Filmausschnitte und Interviews und vor allem darf man alles Mögliche erzählen. Der Verstorbene kann sich ja nicht mehr wehren. Das Staatsfernsehen ist, anders als in Westeuropa, wie die Privatfernsehsender, kostenlos. (OK! Wir haben kein Staatsfernsehen sondern öffentlich rechtliche) Fazit: Russisches Fernsehen dürfte im Zuge des Internetstreams schneller als in vielen anderen Ländern verschwinden. Man

wird es verschmerzen können.

Feste

Russen lieben Feste. Egal ob traditionelle Feste wie Neujahr, oder moderne, wie Halloween oder den Valentinstag. Sehr beliebt sind auch Geburtstage und Namenstage (zumindest Tatjana Din, am 25.1, die auch die Schutzheilige der Studenten ist). Nachfolgend einige Beispiele:

Männertag

Einst der Tag der Sowjetarmee, heißt heute „Tag des Vaterlandverteidigers". Es hat sich mittlerweile einfach zu einer Art Männertag gemausert. Männern schenkt man an diesem Tag Rasierwasser und Ähnliches. Jährlich am 23.2.

Frauentag

Klugheit bewies Lenin, als er aus einem Frauenkampftag ausgerechnet in Russland einen „Blümchengeschenktag" gemacht hat. Jedes Jahr am 8. März.

Geburtstag

Anders als in Europa, lädt nicht nur das Geburtskind ein, sondern er/sie kocht selbst oder wenn es ins Restaurant geht, dann bezahlt das Geburtstagskind.

Neujahr

Ist das wichtigste Fest des Jahres. An diesem Tag gibt es geschmückte Tannenbäumchen, Geschenke und Salat Olivie (eine Art edle Variante des sog. russischen Salates: Kartoffeln, Hühnchen, Gurken und Erbsen in einer Sauce mit Mayo angemacht).

Berufsfeste

Jedem sein eigenes Berufsfest: Es gibt den Tag der Miliz, der

Lehrer, der Landwirtschaftsarbeiter, der Tschekisten (Geheimdienste) und viele mehr. Überbleibsel aus der Sowjetzeit, da aber Feiern Spaß macht, scheint niemand diese Tage abschaffen zu wollen.

Frauen und Männer

Das Verhältnis zwischen Männern und Frauen in Russland wirkt nach außen konservativ. Man lässt die Männer Patriarchat spielen, im inneren herrscht aber Matriarchat. Im Privatbereich sind die Russen den Italienern sehr ähnlich. Russische Männer pflegen ihr „zur Not gehe ich einen Bären im Wald schießen, damit Fleisch auf dem Tisch ist"-Image und müssen in Restaurants im Regelfall für Frauen mitbezahlen. Frauen wiederum üben Blicke von unten im Dreieck, was den Eindruck eines „kleinen Häschens, das beschützt werden muss" erzeugt. In Wirklichkeit sind die russischen Männer genauso wenig wirkliche Machos, wie die russischen Frauen kein schwaches Weibchenklischeedarstellen. Wer allerdings den Fehler macht, und sein männliches Exemplar nicht beizeiten zum Mithelfen im Haushalt erzieht, bekommt einen Sofatiger. Wenn Sie als Frau in Moskau sind, ist es üblich, dass Sie von Männern bis vor die Korridortür ihres Stockwerkes begleitet werden. Nein: Man (n) erwartet keinen Kaffee oder ihre Briefmarkensammlungen gezeigt zu bekommen; der Mann ist einfach gut erzogen. Fahrstühle in Hochhäusern halten auf jedem Stockwerk und Männer begleiten Sie in der Nacht zu ihrer eigenen Sicherheit bis zur Korridortür ihres Stockwerkes. Über 50 Prozent verheirateter Männer sollen praktisch ihr gesamtes Gehalt zu Hause abgeben. Wer da noch ein paar Rubel für sich haben möchte, fährt als Taxifahrer schwarz.

Frauentag (siehe unter Feste)

Freundschaft

Hat in Russland einen hohen Stellenwert und ist viel wichtiger, als Geld oder ein Statussymbol. Geld und Statussymbole können Morgen weg sein, die Freunde bleiben. Freundeskreise sind die sozialen Netzwerke, die weit über die rein privaten Kontakte hinweg tragen *(siehe auch unter Bekannte)*. Wer Freunde haben will, muss sich allerdings auch selbst als Freund erweisen.

G

GAI (ГАИ)

Die Verkehrspolizei in Russland. Die GAI heißt nur noch im Volksmund Gai. Die neue Bezeichnung ist GIBDD (ГИБДД) oder in Worten „Staatliche Inspektion für die Sicherheit der Verkehrsbewegungen auf den Straßen". GAI hieß einfach „Staatliche Automobilinspektion". Neben Witzen über die Werbung, einen Georgier namens Gogi und Radio Eriwan, ist sie nach wie vor das beliebteste Opfer für Scherze. Kein Russe, der nicht mindestens 10 Verkehrspolizistenwitze kennt.

Gast sein

Bedingt die Kenntnisse einiger Anstandsregeln. Erstens, man reiche niemals die Hand über der Türschwelle *(siehe unter Aberglauben)*. Zweitens, in den Wohnungen werden die Straßenschuhe gegen Hausschuhe getauscht. Also Achtung! Keine Socken mit Löchern anziehen. Russische Straßen sind im Winter wegen des Schnees matschig und im Sommer wegen des Bodengrunds staubig.

Wer als gut erzogen wirken möchte, sollte Fragen, ob er sich die Hände waschen kann *(siehe unter Hygiene)*, sonst wundert sich entweder der Gastgeber oder fordert Sie einfach zum Händewaschen auf. Ohne Mitbringsel geht man in Russland nirgendwo zu Besuch. Es geht nicht um den Preis des Mitbringsels, sondern um die Geste (Russen lieben Symbole). Also Blumen, oder ein Mitbringsel aus der Heimat nicht vergessen. Sind Kinder im Haushalt, dürfen es auch gerne ein Kinderbuch oder Spielzeug für die Kids sein. Gibt es Haustiere und die Gastgeber haben ein familiäres Verhältnis zu ihren Mitbewohnern, sollte man auch ein Sheba für die Katze oder etwas für den Hund dabei haben.

Auf dem Tisch werden ganze Batterien von Flaschen stehen, dies heißt nicht, dass ihr Gastgeber Alkoholiker ist, sondern es gehört zur Landessitte, dem Gast alles anzubieten. Wenn Sie keinen Alkohol trinken, können Sie dies einfach sagen. Wenn Sie nicht weiter trinken möchten und dabei bleiben, wird dies auch akzeptiert. Allerdings gehört es zur russischen Sitte, ihnen alles dreimal anzubieten um sicher zu sein, dass sie sich nicht einfach zieren obwohl sie noch gerne mehr möchten.

Wenn es spät wird, kann es auch gut sein, dass der Gastgeber Sie auffordert bei ihm zu übernachten. Dies können Sie, wenn Sie wollen, gerne annehmen. Es ist nicht unüblich in Russland und ungefährlicher, als im leicht alkoholisierten Zustand nachts auf der Straße zu spazieren oder ein Taxi in einer fremden Gegend zu suchen.

Gastgeber sein

Die meisten Russen finden es spannend, bei Ausländern zu Besuch zu sein. Man wird auch mit Freuden die fremde Küche probieren und interessiert an fremden Sitten sein.

Sie können als Ausländer natürlich auch russische Sitten imitieren. Aber Russen wären sehr wahrscheinlich enttäuscht, anstelle fremder Landesküche und Gepflogenheiten, auf russisches zu stoßen. Wer ein mehrgängiges Menü kocht, sollte an den Zeitfaktor denken *(siehe unter Zeit)*. Pünktlichkeit ist aus verschiedenen Gründen keine russische Tugend. Bei Getränken kann man sich ebenfalls an die eigenen Landesgepflogenheiten halten und ruhig Wein anstelle von Wodka auftischen.

Geburtstag (siehe unter Feste)

Geld

Das Verhältnis zu Geld könnte man bei den Russen so umschreiben: man hat es, oder nicht. Es ist keine Besonderheit in Russland, dass man am Tag seiner Gehaltsauszahlung in ein schickes Restaurant geht, dabei die Hälfte ausgibt und anschließend zwei Wochen lang Kartoffeln und Kohl isst. Nach dem gleichen Prinzip kommen Russen zu teuren Kleidern oder neusten Mobiltelefonmodellen. Man isst lieber mal zwei Wochen nichts außer Brei, als auf das langersehnte Kleid oder das neuste angesagte Restaurant zu verzichten. Mittlerweile kann man sich auch bei jeder Bank zu horrenden Zinsen

Geld leihen. Dass dies langfristig ein teurer Spaß wird, werden die Russen leider noch früh genug herausfinden. Dass Zinsen, die akkumuliert mit Spesengebühren und ähnlichem, bis zu 60 Prozent der Kreditsumme pro Jahr kosten, ist keine Seltenheit. Auf Kredit kann man sich eine neue Nase beim Schönheitschirurgen machen lassen, die Brust vergrößern und sich einen neuen Kühlschrank zulegen.

Leider lesen die meisten Russen das Kleingedruckte gar nicht, oder die Kontogebühren und Administrationskosten werden im Vertrag nicht aufgeführt.

Geschenke

Russen mögen Symbole und Geschenke sind genau so etwas. Es kommt nicht auf den Wert an. Man freut sich einfach Geschenke zu erhalten und viele schenken auch gerne selbst. Als Ausländer schenkt man am besten etwas, was aus dem eigenen Land stammt und in Russland nicht verkauft wird. Bei Kleinigkeiten könnte man auf Marzipantiere verweisen, aber auch Bildbände des eigenen Wohnortes, Delikatessen in Form von Käse oder Wein und vieles mehr. Achtung beim Wein! Der wird im Flugzeug gerne sauer.

Gesprächsführung

Grundsätzlich sind auch Gespräche in Russland, selbst mit Unbekannten und im Berufsleben, persönlicher. Vor Verhandlungen möchte man gerne wissen, wer der Gesprächspartner ist. Sich nach Kindern oder dem Familienstand zu erkundigen ist dabei ganz normal. Genauso gehören Fragen zum Wohnort etc. dazu. Der beste, teuerste Katalog und die größten Rabatte nützten nichts, wenn es keinen persönlichen Zugang zum Gesprächspartner gibt. Mit Arbeitskollegen teilt man ohnehin Freud und Leid *(siehe unter Kollektiv)*. In den Großstädten muss man sich nicht mehr unbedingt mit seinen Nachbarn zusammensetzen. Wenn einem dies nicht behagt: In kleineren Ortschaften gehört es aber unbedingt dazu. Wer neu in einem Ort ist, sollte zumindest mal bei den Nachbarn klingeln und sich vorstellen.

Getränke

Wodka kennt jeder, aber zum Glück hat Russland wesentlich mehr als nur diese nicht sonderlich leckere Spirituose zu bieten. Traditionell wäre da Sbitenj zu nennen. Ein Getränk, das man unbedingt probieren sollte, wenn man es auf einer Speisekarte findet (ein Kaffee in Moskau, in dem es Sbitenj gibt, findet sich im Anhang). Sbitenj ist ein heißes Getränk aus Honig und diversen Gewürzen (z.B. Pfefferkörner, Nelken, Zimt). Mit etwas Wodka gilt es auch als Mittel gegen Erkältungen. Mors ist ein Getränk, das im Regelfall aus Beeren zubereitet wird. Beeren werden in kochendes Wasser gegeben und über Nacht stehen gelassen. Am nächsten Tag schüttet man das Ganze durch ein Sieb und füllt die Flüssigkeit in Flaschen ab. Kissl wird ebenfalls aus Beeren und Früchten gemacht, aber mit Kartoffelstärke gebunden, so dass noch eine Fließeigenschaft vorhanden ist, aber in einer verdickten Konsistenz. Die Russen trinken traditionell lieber Tee als

als Kaffee.

H

Heirat

Scheiden ist in Russland billig. Ohne Ehevertrag wird das Eigentum, das während der Ehe erworben wurde, einfach geteilt. Maximal drei Monate dauert ein Scheidungsverfahren, und nur wenn einer der Partner die Scheidung nicht wünscht. Entsprechend schnell und häufig wird in Russland auch geheiratet. Lebensgemeinschaften (oder wilde Ehen) werden in Russland als Graschdanski Brag (bürgerliche Ehe) bezeichnet. Sie kommen zwar immer häufiger vor, demgegenüber steht aber nach wie vor eine enorme Anzahl von Jugendheiraten. Frauen, die mit 20 oder 22 schon verheiratet sind, stellen keine Seltenheit dar. Allerdings sind auch vier- oder fünfmal Geschiedene im Alter von knapp 40 nichts Außergewöhnliches. Alimente werden nur für die Kinder bezahlt (Frauen haben keinen Anspruch auf Unterhalt). Dabei beträgt der Alimentesatz 25 Prozent des offiziellen Einkommens pro Kind.

Hygiene

Wird in Russland groß geschrieben. In der Sowjetunion wurde schon kleinen Kindern im Kindergarten geradezu manisch das Händewaschen beigebracht. Zu Hause wurden den Kindern Geschichten erzählt, was mit Kindern passiert, die zu wenig auf Hygiene achten. Geschichten über grauselige Bakterien in der Metro und auf Geldscheinen machen gerne die Runde. Die Hygiene lässt in den Schichten, die mit Alkohol zu tun haben, schlagartig und extrem nach.

Persönliche

Für Russen ist es ein Unding, beim Duschen oder Baden das Wasser zu sparen. Kein Russe, der nicht nach dem Baden noch den Schaum vom Körper abduscht. Beliebt sind auch harte Schwämme, mit denen auch unter der Dusche noch die letzte Hautschuppe abgekratzt wird. Wer als russischer Austauschschüler in Deutschland in einem sparsamen Haushalt landet, kann manchmal nur den Kopf schütteln. Auffällig für Westler ist das andauernde Händewaschen. Kaum ist man zu Hause, werden zuerst die Hände gewaschen. Geht man ins Restaurant, werden nach dem Bestellen die Hände gewaschen, und selbst der Besuch wird freundlich, aber bestimmt zum Händewaschen aufgefordert. Demgegenüber steht allerdings die Idee, dass man Jeanshosen im Winter nur unter fließendem Wasser unten am Saum wäscht um sie nicht täglich wechseln zu müssen. Getan wird dies aus Spargründen: der Stoff soll so länger halten.

im Haushalt

Wer in Moskau das Fenster öffnet, hat innerhalb weniger Minuten ein graufarbenes Fensterbrett. Umso bewunderungswürdiger ist die Sauberkeit in russischen Haushalten. Während der Westler irgendwann mal aufgibt, gegen Staub und Co. täglich anzukämpfen, kann man bei vielen Russen sprichwörtlich vom „Fußboden essen". Eine extrem tadellos saubere Wohnung ist der stolz der meisten Frauen in Russland. Eine russische Hausfrau schreckt selbst vor Domestos als Bodenreiniger nicht zurück, und viele waschen selbst ungeschälte Bananen und Orangen, bevor diese in der Fruchtschale landen. Auch dort, wo es weniger extrem zugeht, waschen die Russen Gemüse und Salat tatsächlich Ordentlicher, als wir dies üblicherweise im Westen tun. Hepatitis, die gerne aus südlichen Republiken (angeblich via Schale) auf dem Tisch landen kann und ein Mangel an Impfwerbung gegen diese Erkrankung, ist der Grund.

Hüte und Mützen

Sind in Russland im Winter tatsächlich nicht zu umgehen. Wer aber in Deutschland oder der Schweiz aufgewachsen ist, weiß schon, dass es auch bei diesen Kleidungsstücken unterschiedliche Größen gibt?
Ähnlich wie bei Schuhen oder Handschuhen. Wer eine Pelzmütze kauft ohne auf die Größe zu achten, kann schnell unangenehme Kopfschmerzen bekommen, wenn sich die Mütze als zu klein herausstellt. Solche Dinge sollte man besser mit Hilfe der Einheimischen erwerben.

I

Intelligenzija

Meint nicht einfach nur Intellektuelle, sondern sich aktiv, geistig und moralisch in Diskussionen und in der täglichen Arbeit, mit der Welt auseinandersetzende Geistesarbeiter. Dazu gehören Autoren, Physiker, und Forscher genauso, wie Historiker oder intellektuelle Künstler. Dabei gehört allerdings alles, was als „Star" bezeichnet wird, ausdrücklich nicht dazu. Einst traf sich die sowjetische Intelligenzija zu Diskussionen in Küchen, heute tummelt sie sich im Internet.

J

Jahreszeiten

Eine russische Besonderheit ist, dass die Jahreszeiten jeweils immer am ersten des betreffenden Monats beginnen. Das Frühjahr am 1. März, Sommer am 1. Juni, Herbst am 1. September und Winter am 1. Dezember *(siehe auch unter Sommer und Winter)*.

K

Kaffee

Das Wort Kaffee bedeutet in Russland nicht, dass es in diesem Restaurant Kuchen und Tageszeitungen gibt, aber keinen Alkohol. Oft werden ganz normale Restaurants als Kaffee ausgewiesen. Sehr wahrscheinlich hält es der Inhaber für chic. Während es in Moskau viele Kaffeeketten gibt, die mehr unserer Vorstellung von einem Kaffee entsprechen, kann man in der Provinz unter Umständen lange danach suchen.

Kinder

Werden in Russland noch immer gerne unter der Arbeitswoche von der Oma erzogen *(siehe auch unter Babuschka)*. Dies erzeugt manchmal eigenartige Früchte.
Immer wieder sieht man das Folgende Bild: Im Bus sitzen Kinder bis zu 10 Jahren und nicht selten sieht man die arme Oma daneben stehen. Dass man das Kind einfach auf den Schoss nehmen könnte, scheint den Wenigsten einzufallen. Im Gegenzug verschließen sich leider viele Großeltern jegli-

chen modernen psychologischen Ratschlägen. Nicht selten läuft in Wohnungen mit Kleinkindern den halben Tag der Fernseher und kleinere Kinder sitzen manchmal unbeaufsichtigt auch stundenlang vor dem Computer. Die Mütter zeigen am Wochenende oft ein schlechtes Gewissen, das sich darin äußert, dass Kinder alles bekommen, was sie möchten. Dies auch, weil über 30 Prozent der Kinder ohne Väter aufwachsen. Übersteigerte Männlichkeitsrituale bei Jungs kann man wohl auch auf diesen Umstand zurückführen. Viele Mütter halten zudem die Mädchen schon früh dazu an, im Haushalt mitzuhelfen, allerdings lümmeln die Bengel zur gleichen Zeit ungerührt auf dem Sofa vor dem Fernseher. Wenn aus den Kindern Jugendliche werden, arbeiten die Eltern meistens einige Jahre überhaupt nur noch für den Nachwuchs. Während die Erzeuger mehrere Jobs haben, trifft man die Jugend in teuren Cafes. Nicht immer, aber immer wie öfters.

Kindergarten

Ist das pädagogische Gegenstück zur Oma- und Mama-Kultur. Kindergartenplätze sind theoretisch kostenlos und ganztags; in Moskau aber Mangelware und viele melden ihre Kinder sofort nach der Geburt im Kindergarten an. Das Regime solcher „Kindergarten" ist weit entfernt von „Kita". In Kindergärten wird gnadenlos gedrillt. Alle gehen zur gleichen Zeit auf den Nachttopf, alle müssen ihre Milch trinken (zur gleichen Zeit versteht sich) und alle Kinder müssen Mittagsschlaf halten oder zumindest so tun, als ob sie schlafen würden. Kindergärten sind weniger eine Vorbereitung auf die

Schule, sondern eine Vorbereitung auf die Idee „des Kollektivs". Nur in privaten Kindergärten hat sich diese Pädagogik mittlerweile geändert. Sport wird wenig oder gar nicht gemacht, dafür sind die Freizeitclubs und Schwimmhallen zuständig. Ehrgeizige Eltern besorgen da ein Übriges. Bereits fünfjährige können über ein beachtliches Wochenpensum verfügen.

Nach dem Kindergarten Musikunterricht, am Dienstag und Freitagabend Schwimmen, Ballett oder Gymnastikunterricht (unabhängig vom Geschlecht) und Fremdsprachenunterricht oder überhaupt Kurse zur Schulvorbereitung, was aber bedeutet, dass das Kind bereits Lesen und Schreiben lernen muss (auch, wenn es dies freiwillig nicht will oder noch gar nicht kann). Überlastete Fünfjährige gibt es genauso oft wie unterforderte. Dazu verfügen viele Kleinkinder über ein erstaunliches Sprachrepertoire, direkt aus dem Fernsehen bezogen. Da Opa aber gerne Gangsterfilme schaut, kann man sich selbst den Slang vorstellen, den manche draufhaben. Komischerweise reagieren weder Erzieher im Kindergarten, noch Schullehrer auf diese Spracherziehung, was Kinder im Jugendalter nicht unbedingt zum literarischen Gebrauch der Sprache anhält.

Klöster und Kirchen

Gibt es in rauen Mengen. Über die orthodoxe Kirche müsste man schon ein eigenes Buch schreiben. Hier mag einfach der Hinweis helfen: Nirgendwo kann man schneller begreifen, wie wichtig Symbolik in Russland ist und woher diese Kultur überhaupt stammt. Der orthodoxen Kirche geht es nicht um theologische Auseinandersetzungen, sondern in erster Linie lebt sie von und durch ihre Symbolik.

Glaube

Man glaubt gerne an die „schwarze Katze", man glaubte an den Kommunismus und man glaubte an den guten Zaren. Einfach formuliert: die Russen lieben es „zu glauben". Theologische Dispute mit Leuten, die sich als religiös bezeichnen, sind in Russland zwecklos. Natürlich verstehen die Gläubigen, dass die Jungfrau Maria höchstwahrscheinlich keine Jungfrau war. Die Russen sind gläubig auf einer rein symbolischen Ebene. Natürlich gibt es Gott nicht, aber was soll man tun falls man sich täuscht? Diese Frage hat sich schon mal Bulgakow in seinem Roman „Meister und Margarita" gestellt und nach schwerer, unheilbarer Erkrankung noch schnell eine Versicherung für „alle Fälle" von der Seele geschrieben. Anders als im Katholizismus oder bei den Protestanten, agiert praktisch jede Kirche für sich und muss auch selbst für ihre Finanzierung sorgen.

Klöster waren ursprünglich Wehranlagen – die Verbindung von Religion und staatlichem Vorposten hat in Russland eine lange Tradition.

Kleidung

In den meisten Klöstern müssen Frauen ein Kopftuch tragen und über ihre Jeans eine Art Wickelrock anziehen. Es sei denn, sie tragen bereits einen. Warum ein Rock besser als eine Hose sein soll, ist, insbesondere in Männerklöstern, eine interessante Frage. Ursprünglich trugen nur verheiratete Frauen ein Kopftuch und der Wickelrock ist vollends eine Erfin-

vollends eine Erfindung aus der Perestroika-Zeit. In den meisten Klöstern bekommt man beides an der Eingangspforte in die Hände gedrückt.

Ritus

Was dem Westeuropäer am meisten auffällt, ist der Mangel von Bestuhlung in den Kirchen. Dazu kommen eine weihrauchgeschwängerte Luft und viel Gold. Was die Schönheit des Inneren einer orthodoxen Kirche anbelangt, können die Katholiken nicht mithalten. Die Priestergewänder der höheren Curie sind reich bestickt. Popen dürfen Heiraten, und das Zölibat spielt nur in Klöstern und innerhalb der Kirchenhierarchie eine Rolle. Ein orthodoxer Gottesdienst kann je nach dem Stunden dauern. Musikinstrumente sind in der orthodoxen Kirche verboten. Lediglich Glocken und ein Kirchenchor spielen eine Rolle. Die Glocken werden als Worte und nicht nach Noten gespielt. An über insgesamt 220 Tagen wird, mehr oder weniger streng, in der russischen Kirche gefastet.

Konzerte *(siehe unter Theater)*

Kostenloser Käse

„Kostenlosen Käse gibt es nicht", so die Aussage eines russischen geflügelten Wortes.

Dennoch, zur Volksmentalität gehört der Glaube, es könnte vielleicht doch anders sein. Hier haben die Pyramidenspiele, wie MMM, und heutige Wohnbauprojekte aber auch Hütchenspiele und vieles mehr ihren Ursprung. Ein anderer Begriff dafür lautet auch „Lochatron лохатрон" übersetzt „ Wer ist dumm genug".

Krankenhaus *(siehe unter Medizin)*

Kredit *(siehe auch unter Geld)*

Über Bankkredite gibt es bereits einen Kommentar unter dem Stichwort „Geld". In Russland ist der private Kredit unter Freunden und Familienmitgliedern üblich. Auch Nachbarn oder Geschäftspartner können gebeten werden, eine kleine Summe zu leihen. Dabei gilt: Von Bekannten und Familienmitgliedern nimmt man keine Zinsen. Wer dennoch Zinsen bezahlen will, kann einen Geldgeber unter Umständen damit zu Tode beleidigen. Auch sollte man selbst nicht auf Zinsen bestehen. Für Russen wirkt dies geizig und unfreundlich. Russen zahlen im Regelfall die privaten Kredite anstandslos zurück.

Kritik

Wer einfach kritisiert, der wird vor allem einen Schwall von Rechtfertigungen hören. Besser als direkte Kritik kommt eine Diskussion an. Unter einer Diskussion zum Thema „Wie kann man etwas besser machen oder anders" kommt man leichter zu dem, was man eigentlich braucht oder selbst meint. Ein russisches Sprichwort sagt: „Man denkt was man will, fragt dabei das eine, will aber etwas anderes wissen und hört etwas drittes".

Küche

Beengte Wohnungsverhältnisse haben die einst den Dienstboten vorbehaltenen Räume gesellschaftsfähig gemacht. Bis

heute gilt in vielen Familien die Küche als der Lebensmittel-
punkt in der Wohnung.

L

Lebkuchen (пряник)

Anders als in der deutschen Lebkuchentradition, werden Lebkuchen in Russland das ganze Jahr über gegessen. Die berühmtesten Lebkuchen stammen aus der Stadt Tula.

Lebenspartner (Граждански брак)

Graschadanksi Brak oder direkt übersetzt „bürgerliche Ehe",
heißen Lebensgemeinschaften ohne staatlichen Segen. Für
viele Russinnen hat die einfache Lebensgemeinschaft noch
immer einen ruchvollen Geschmack. Die Frauen, die sich
weigern zu heiraten und die Lebensgemeinschaft einer Ehe
vorziehen, sind in Russland noch immer in der Minderheit.
Wer aber ohne Ehevertrag heiratet (und dies betrifft die meisten Russen, weil sie einen Vertrag für unromantisch halten),
ist aufgrund der knallharten Teilung des Vermögens im Falle
einer Scheidung (sofern dieses Vermögen während der Ehe
entstanden ist) gut beraten, die Finger vom Trauschein ohne
Ehevertrag zu lassen. Der Familienrichter interessiert sich in
diesem Falle nicht, wer das Eigentum bezahlt hat. Dies betrifft sowohl Frauen, als auch Männer.

Liebe

Wie an anderer Stelle schon beschrieben, glauben Russen

gerne. Dazu gehört auch der Glaube an romantische Liebe. Manche Frauen warten ihr Leben lang auf den Prinzen auf dem weißen Pferd.

Viele Frauen mögen es gnadenlos romantisch, bis zum Kitsch. Im Gegenzug erhält man tadellose Hausfrauen und die Illusion, der Größte zu sein. Nachlassen in seiner romantischen Bemühungen sollte der Mann besser nicht. Russische Frauen wollen umworben werden. Umgekehrt können solcherlei Bemühungen bei westlichen Frauen schnell Erheiterung hervorrufen. Es gibt tatsächlich Modelle, die vor einem knien können und einem ewige Liebe dabei schwören.

M

Männer und Frauen

Nein, einen leichten Job hat ein Mann in Russland nicht.

Er muss, um zu gefallen, bis zur Hochzeit immer an kleine Aufmerksamkeiten für die Dame seines Herzens denken. Sie ausführen, angefangen bei Restaurants, bis hin zum Theater und er ist auch gut beraten, wenn er noch einige Gedichte aus dem Literaturunterricht behalten hat . Kurzum: damit der Mann Erfolg bei Frauen hat, sollte er seine Pfauenfedern gebührend aufplustern. Worte statt Taten stehen auf der Tagesordnung. Aber aufgepasst: Die Zeiten beginnen sich zu ändern, und gerade in den Großstädten sind zunehmend die praktisch Veranlagten, aber dafür unromantischeren Modelle gefragt. Das praktisch veranlagte Modell muss nicht immer bezahlen, dafür im Haushalt mithelfen. Das altmodische Modell darf es sich im Gegenzug auf dem Sofa bequem machen, während die Gattin nach der Arbeit einkaufen geht, Wäsche wäscht, kocht, putzt und so frühzeitig altert (siehe auch unter Oblomow).

Männlichkeitsriten

Von außen gesehen muss ein richtiger russischer Mann jagen, fischen und mindestens eine Kampfsportart ausüben. Das Fischen wird vor allem von Männern bevorzugt, die ihrer Frau in der engen Wohnung entkommen möchten. Die meisten Frauen dürften dem Fischen nichts abgewinnen können, schon gar nicht im Stadtteich. Natürlich verstehen diese meist älteren Herren, dass nicht mal eine Katze die Fische aus der örtlichen Kloake fressen würde. Das macht aber nichts: man hat einige Stunden seine Ruhe *(siehe auch unter Wohnungen)*. Jagen wiederum ist einfach „cool“. Russische Männer bringen es fertig, Jahr für Jahr teure Waffenbesitzscheine und Jagdscheine zu bezahlen, ohne jemals viel mehr als eine alte kranke Ente nach Hause zu bringen. Ist halt einfach „cool“ um die eigene Datscha mit einem uralten Jagdgewehr herum zu rennen. Der Kampfsport als Männlichkeitsritual ist eine Erfindung der Neuzeit.

Bis 1991 waren bestimmte Kampfsportarten überhaupt für die Masse verboten und konnten nur im Innenministerium und beim KGB gelernt werden. Seit 1991 ist alles frei für jedermann.

Maslenize (масленица)

Vergleichbar mit unserem Karneval, wurde in den letzten Jahren vor allem aus touristischen Gründen nach dem Film „Der Barbier von Sibirien“ von Michalkow, wieder in Moskau zum Leben erweckt.

Masochismus

Die gerade in Westeuropa vielgerühmte „russische Geduld"
trägt eigentlich masochistische Züge. Jemand beschimpft
einen Mitarbeiter für ein Versäumnis, der kann gar nichts
dafür, weil das Versäumnis ein Fehler einer dritten Stelle war.
Trotzdem wird er sich rechtfertigen. Die Pensionäre leben
unterhalb des Lebensminimums, denn mit 3.000 oder auch
5.000 Rubel (80 bis 130 Euro) kann in Wirklichkeit niemand
vernünftig leben.
Was hätten Sie zu verlieren mit einem Protestmarsch auf dem
roten Platz? Die Regierung und die Beamten sind meistens
alles andere als beliebt, trotzdem werden sie geduldet. Die
Liste ließe sich ewig lange fortsetzen. Es dürfte also weniger
Geduld, sondern schon purer Masochismus sein, der die Leute all dies, ohne zu murren, ertragen lässt. Oder vielleicht
doch einfach Oblomow *(siehe auch unter Oblomow)*?

Maßeinheiten

Flüssigkeiten werden in Russland im Regelfall in Gramm
angegeben. Der westeuropäische Restaurantstandart von
25 ml. Alkohol ist unbekannt. Die Bestellmenge beginnt mit
50 gr. Gerade in sowjetischen Kochbüchern und Rezepten ist
es üblich nicht z.B. 250 gr. Mehl zu schreiben, sondern „ein
Glas Mehl", „ein Glas Zucker". Gemeint sind dabei sowjetische Wassergläser die es in jeder Kantine gab und die praktisch unzerbrechlich, weil aus dickem Glas, sind.

Mat (мат)

Besteht eigentlich aus nur vier Worten resp. auch anwendbar als Präposition und ist im Grunde nicht übersetzbar. Zudem ist die Umschreibung von „Mat" als einer nicht „literaturfähigen Sprache" eher freundlich formuliert. Mat hat nicht mit nur Fluchen zu tun, sondern praktisch alle Verben und Adjektive bekommen eines dieser vier Worte zugeteilt. Für Deutschsprechende ist es wichtig, dass ein Wort „wie „Hui" unter keinen Umständen in einem Gespräch vorkommen darf. Es gehört als Präposition „zu diesen vier Worten". Also einen Spruch wie „Außen Hui und innen Pfui" sollte man für sich behalten. Mat nutzt Begriffe aus dem mehr als ordinären Sexualbereich. Neben Mat gibt es noch Formen wie den Gefängnisslang. Aus dem Bereich kommt das russische Wort für Beziehung (Blad), wobei dieses Wort auch noch für Prostituierte als „nicht literarische Sprache" verwendet wird. Jugendslangausdrücke wie „chruta" eigentlich einfach „cool" oder „blin" als russisches Slangwort für Momente wo man in Deutschland das Wort „Shit", benutzt. *Im Linkverzeichnis gibt es einen Link für den Gefängnisslang.* Wir wollen ausdrücklich darauf hinweisen, wenden Sie diesen nicht an!

Medizin

Es gibt begnadete Ärzte in Russland.
Leider gibt es auch solche, bei denen man das Gefühl nicht loswird, dass sie ihr Diplom in einer Lotterie gewonnen haben. Unter klügeren Russen gilt die Devise: Wer einen Arzt

braucht, nimmt einen aus dem Bekanntenkreis *(siehe unter Bekannte, Kollektiv und unter Freunde)*. Manche Dorfkrankenschwester kann besser sein, als ein teurer Arzt in einer Privatklinik in Moskau. Zwar lässt ihre Ausstattung zu wünschen übrig, dafür kennt sie viele kleine schlauen Mittelchen, die so manche Wunde, schneller als in Europa, heilen lassen.

Ärztliche Versorgung

Gibt es in den Städten für jeden Geschmack und für jeden Geldbeutel. „Teuer" ist allerdings nicht immer gut und „billig" oft ein deutliches Hygieneproblem.

Krankenhaus

Für Russen ist es normal, für Untersuchungen sich nicht ambulant behandelt zu werden, sondern sich ins Krankenhaus stationär einweisen zu lassen. Dass wir Krankenhaus mit dem Tod verbinden, können viele Russen nicht nachvollziehen. Kranke, die nicht wirklich krank sind und nur 10 Untersuchungen benötigen, sind aus Sicht des medizinischen Personals äußerst angenehm. Vermutlich kommt von daher die Idee, zum „Durchchecken" legt man sich in ein Krankenhausbett.

Wer wirklich krank ist, sollte von vielen Menschen besucht werden. Eine Karawane von Bekannten am Krankenbett ist ein deutliches Zeichen dafür, dass medizinische Fehler nicht verziehen werden. Tägliche Besuche garantieren auch eine Mindestpflege (es ist üblich, dass die Angehörigen selbst die Betten machen, den Kranken waschen und ihm Essen bringen). Nur auf Privatstationen sind das Essen und die Krankenpflege so, dass die Angehörigen nicht dafür benötigt werden. Krankenschwestern in Russland glauben, ihr Job sei es

Spritzen zu geben, alles, was darüber hinausgeht, halten sie für eine Zumutung.

In einer grauenhaften Situation sind die Menschen, die keine Freunde oder Angehörigen mehr haben. Hier helfen die beweglicheren Menschen im gleichen Krankenzimmer. Mitpatienten können schon mal das Blut unter dem Bett aufwischen, aufs Klo helfen oder den Tropf abstellen. Hier zeigt sich der Vorteil Erziehung im Sinne des Kollektivs. Als Mitpatient sollte man sich anpassen und auch helfen.

Mobiltelefone

59 Mio. Anschlüsse gab es im Sommer 2007 in Russland. Damit hat jeder dritte Mensch, vom Babyalter bis zum Greis, in Russland ein Mobiltelefon. Selbst im abgelegensten Dorf, wo nur mit Mühe zwei Fernsehprogramme empfangen werden und es nicht mal einen Dorfladen gibt, haben die Leute Mobiltelefone. In den Großstädten ist das Telefon ein Muss. Gut und gerne bis zu drei Stunden verbringen Großstädter im Autostau oder in der Metro und der S-Bahn. Ohne Telefon käme das Wirtschaftsgeschehen in Moskau einfach zum erliegen. Das Telefon wird im Regelfall nur im Theater und in der Oper ausgestellt. Während des Unterrichts an Hochschulen sind die Telefone meistens auf Vibrationsalarm gestellt. Man könnte etwas verpassen.

Musik

In der Musikszene gibt es bis heute einen Underground. Was

Was im Fernsehen kommt, wird von einer Art Dinosaurier-Musik-Mafia bestimmt und ist tatsächlich fatal. Demgegenüber steht aber die ungebrochene Begeisterung der Russen für Musik, die bei uns unter „es war einmal" läuft. Hier können die Omis und Opas von Dschingis Kahn, über Abba bis zu Rolling Stones noch riesige Konzerthallen füllen. Die klassische Musik gehört in Russland nach wie vor zum Feinsten. Alles, was Rang und Namen in der Musik hat, gastiert heute in Moskau, wenn auch zum Teil zu Kartenpreisen, die es in sich haben.

N

Neujahr *(siehe unter Feste)*
Nitschiwo (ничего)

Sie sind zu Gast und verschütten ihr Getränk über den teuren Teppich, und schon sagt man ihnen „nitschiwo, nitschiwo", flucht innerlich, und sucht nach einem geeigneten Putzmittel. Die Oma schimpft mit ihrem Schwiegersohn, so dass es bis zum Schaschlikgrill im Garten zu hören ist, und schon kommt er auf Sie zu und sagt „nitschiwo, nitschiwo". Im häuslichen Bereich und insbesondere im Umgang mit Gästen gehört es zu den russischen Lieblingsworten. Macht nichts, egal was passiert, das ist typische russische Gastfreundschaft.

Normal (нормально)

In fast allen slawischen Ländern eine typische Antwort auf Fragen wie: „Wie geht es Dir", „Was macht die Arbeit", „Was machen die Kinder" oder im Laden beim abwägen von

Waren „Ist es nicht zu viel?". Die Antwort lautet immer „Normal". Normal ist nicht gut, aber auch nicht schlecht, eben einfach normal.

O

Oblomow

Oblomow ist eine Romanfigur des Autors Iwan Gontscharow. Ein sympathischer Faulpelz, der sein Leben vor allem mit Nichtstun und essen verbringt. Demgegenüber steht im Roman die Figur des deutschstämmigen Scholz, der die Welt sehen will und Karriere macht. Der Begriff „Oblomow" kann im Russischen für eben solche Menschen verwendet werden. Den Roman gibt es auch in deutscher Übersetzung *(siehe unter Literatur im Anhang)*.

Öffentlicher Transport

Während auf dem Land der öffentliche Transport zum Teil nur noch minimal bedient wird, hat sich das Transportnetz in vielen Städten in den vergangenen Jahren nicht nur verbessert, sondern wurde auch mit moderneren Fahrzeugen ausgerüstet – wobei in den Stadtzentren die neueren Fahrzeuge eingesetzt werden und in den Außenbezirken die alten „Ikaruse".

Bus und Straßenbahn

Wer Zeit hat, ist in den Städten als Tourist gut mit Bus und Straßenbahn unterwegs. Man sieht nicht nur etwas von der Umgebung, sondern schont auch seine Lunge, die unter der meist fehlenden Entlüftung in den Metros leiden könnte.

Metro

Gibt es nicht nur in Moskau, sondern auch in vielen anderen russischen Städten. Die Metro ist mit Abstand das schnellste Verkehrsmittel, in Stoßzeiten aber gnadenlos überfüllt. Hinzu kommt eine unter der Norm liegende Versorgung mit Sauerstoff, die nicht nur für Asthmatiker unangenehm sein kann.

Züge

In den Zugabteilen ist es bei längeren Fahrten üblich, Unterhaltungen mit den Mitreisenden zu führen, gemeinsam in den Speisewagen zu gehen oder das Brathähnchen von Oma zu teilen. Wo hat Anna Karenina ihren Liebhaber Woronski kennengelernt? Wo begegnen wir Fürst Mischkin das erste Mal? Genau, im Zug *(Romane siehe im Anhang)*. Gespräche in Zügen finden unter soziologisch-demokratischen Gesichtspunkten statt. Es ist nicht wichtig, wie viel man verdient oder welchen Beruf man ausübt, allein das Coupe oder die Raucherecke vereinen hier die unterschiedlichsten Gesprächspartner.

Öffnungszeiten

In den Städten sind viele Supermärkte und Restaurants 24 Stunden lang geöffnet. Zumindest theoretisch, denn praktisch kann es durchaus passieren, dass das Personal die Tür schließt, und ab 4 Uhr morgens ein Nickerchen hält. In der Regel gelten folgende Öffnungszeiten, 7 Tage in der Woche von 10.00 bis 21.00 Uhr. In kleineren Städten können Läden am Sonntag auch teilweise geschlossen sein. Diese Öffnungszeiten gelten auch für Kosmetiksalons, Friseure und andere Dienstleistungen. Viele Banken arbeiten auch am Samstag.

P

Pelze

Frauen in Russland tragen im Winter Pelze. Nicht, weil sie „Tierquäler" sind, sondern weil bei Temperaturen ab - 10 Grad und dem Dauerfrost des Bodens Pelze am wärmsten sind. Wer keinen Pelz trägt, kann es sich in Russland entweder einfach finanziell nicht leisten oder geht mit seinem Hund im Park Gassi. Pelze sind für russische Frauen eins der wichtigsten Statussymbole. Man könnte es auch so formulieren: „Was dem Mann sein Mercedes, ist der Frau ihr Nerz". Aus reinem Spaß an der Freude, trägt man einen Pelzmantel nicht lange. Die Pelzmäntel sind schwer und machen auf dünnen Frauenschultern schnell über 10 Prozent des Gewichtes der Besitzerin. Es liegt tatsächlich an der Witterung, dass man sich mit dem Pelz plagt.

Politik im Alltag

wird in Russland auch gerne unter den Bildungsbürgern diskutiert. Dabei ist eine Form von Selbstzensur schon lange nicht mehr festzustellen. Jeder sagt, was er denkt. Es ist auch üblich Scherze zu machen. Der meist verhasste Politiker ist heute Jelzin, schnell gefolgt von Gorbatschow und Tschubais. Dem Finanzminister Kudrin und seinem Geldfond in den USA steht die Bevölkerung sehr kritisch gegenüber.

Wie in Deutschland auch, besteht ein Unterschied zwischen der öffentlich verlauteten Meinung und der Volksstimme. Die Bildungsbürger und die Mittelschicht verhalten sich gegenüber Putin neutral und verstehen ihn als das, was er in Russland ist, „ein Symbol für Baba Mascha", die eben einen „guten Zaren" in Moskau braucht und sei es auch nur der Romantik wegen.

Viel kritischer steht man der „Einheit Russlands" gegenüber, da jedem Bürger klar ist, dass es sich dabei mehr um eine Beamtengewerkschaft, als um eine ernstzunehmende Partei handelt. Da Russland aber ohnehin eine Präsidialdemokratie nach dem Vorbild der Franzosen unter De Gaulle ist, und die Duma entsprechend wenig zu sagen hat, regt sich darüber niemand auf. Dies würde anders aussehen, wenn Russland eine Parlamentsdemokratie wäre. Es ist zu vermuten, dass dann die „Einheit Russland" schon längst in der Bedeutungslosigkeit versunken wäre. Übrigens gehören Politiker und Beamte zu den am wenigsten geschätzten Sozialgruppen. Am beliebtesten sind Bauern und die Intellektuellen. Gefolgt übrigens von den Jungen und den Unternehmern.

Pottext (Пот текст) Zwischentext

Man liest oder hört auch zwischen den Zeilen. Die Russische Sprache gehört zu den ausdrucksfähigsten Sprachen überhaupt.

Während bei vielen europäischen Sprachen die Maxime „der Ton macht die Musik" gilt, so entscheidet in der russischen Sprache „das Symbolische" darüber, was wirklich damit gemeint ist. Pottext ist sowohl im Gespräch als auch im Text oder in Filmen anzutreffen. Ein Verständnis dafür kann man sich nur durch Übung aneignen. Bereits unter den Zaren gab

gab es eine Geheimpolizei, die Gegner aufspüren sollte. Dies hat die Verwendung von Zwischentexten als gängiges Stilmittel gefördert.

R

Religion *(siehe unter Klöster und Kirchen)*
Restaurant

Zur Sowjetzeit ging man weniger wegen des Essens (das war zu Hause meistens besser) ins Restaurant, als wegen des fröhlichen Beisammenseins. Ins Restaurant gehen galt als elitär und war für den Normalbürger ein seltenes Vergnügen. Gut erzogene Russen der älteren Generation halten sich bis heute deutlich beim Bestellen auf fremde Rechnung zurück. Gerade in den Städten gehen die Jüngeren gerne ins Restaurant.

Kneipen, in denen man nach Feierabend ein Bier trinken kann, sind in Wohnvierteln in Russland praktisch nur im Sommer anzutreffen. Ab dem 1. Mai schießen plötzlich Zelte mit Ausschank aus dem Boden – selbst in abgelegenen Orten. Die hygienischen Verhältnisse lassen dabei allerdings öfters zu wünschen übrig. Neben Bier wird auch Schaschlik angeboten. In Billigkneipen, besonders in solchen neben stark befahrenen Hauptstraßen in Russland, muss man meistens extra um ein Messer bitten, sonst gibt es automatisch nur Löffel und Gabel. Eine Unsitte, die sich aus der Kantinenkultur der Sowjetunion erhalten hat. Messer wurden in den Kantinen gerne mitgenommen, so dass es in den meisten billigen Kantinen für das einfache Volk erst gar keine Messer gab. Der Hinweis an die Bedienung, „man wolle ein Messer und pflege sich damit auch nicht zu verletzen", sorgt dafür, dass man eins bekommt. Dass Restaurants in Moskau unverhältnismäßig teuer sind, ist Legende (siehe auch unter Kaffee).

Russen als Touristen

Da Russen wirklich nicht geizig sind, gehört das Sparen im Urlaub nicht zum Volkscharakter. Dementsprechend sind die Russen auch gern gesehene Gäste an Winter- und Sommer-kurorten. Längst handelt es sich dabei nicht mehr um Oligarchen. Urlaub im Ausland machen auch russische Sekretärinnen und Sachbearbeiter. Diese Personengruppen sind genauso gut erzogen, wie deutsche oder französische Touristen. Weder trinken sie übermäßig viel, noch werden sie mit Geld prassen oder goldene Uhren kaufen. Allerdings geben die meisten russischen Touristen Trinkgeld und werden durch ihre Engelsgeduld auffallen. Kinder aus der Bildungsbürger-schicht haben gelernt, dass man nicht flucht und nicht laut mit den Leuten schimpft. Viele Jahre hatte aber diese Schicht kein Geld zum Reisen, so etablierte sich die Vorstellung, Russen seien laut und unangenehm. Solche Russen gibt es, wenn es aber keine Oligarchen sind, sind es meistens Straßenpolizisten (im Volksmund Gaischniki genannt, *siehe auch unter GAI, ГАИ*).

S

Schuhe

Sie dachten immer, Schuhe kaufen sei relativ einfach? Ist es natürlich auch in Russland, solange es nicht um Winterschuhe geht. Was Frau bei uns im Winter unter der Bezeichnung

Stiefel anzieht, wird in Russland im Herbst gerne getragen. Denn Weststiefel sind weder für Bodenfrost noch für städtisches Straßensalz geeignet. Das Straßensalz deformiert teure Lederstiefel innerhalb kürzester Zeit und der Bodenfrost, der Minimum drei Monate pro Jahr herrscht, macht das Gehen in Stiefeln mit dünnen Sohlen unmöglich. Stiefelsohlen sollten mindestens 1 cm dick sein, das Obermaterial strapazierfähig und die Stiefel sollten eine Nummer zu groß sein, damit man noch eine warme Einlage hineinlegen und Socken aus dicker Wolle anziehen kann.

Wer sich am Arbeitsplatz umsieht, wird bald merken, dass viele Frauen eine Tube Schuhcreme in ihrer Handtasche im Winter dabei haben und tatsächlich ihre Stiefelchen polieren, sobald sie in einem beliebigen Gebäude angekommen sind. Eine weitere Besonderheit betrifft Männer. Viele russische Frauen meinen, der erste Blick beim Kennenlernen sollte den Schuhen des Mannes gelten. An ihnen, so die russische Logik, ließe sich feststellen, ob der Herr etwas auf sich gibt oder nicht. Also, wer Frauen gefallen möchte, der muss lernen, seine Schuhe täglich auf Hochglanz zu polieren. Das Thema Schuhe kann man dann noch mit dem simplen Hinweis abschließen, Schuhe in Russland kosten das Doppelte bis Dreifache, als in Westeuropa. Viele Frauen, die in Westeuropa auf Urlaub sind, kaufen sich deswegen gerne Schuhe und behandeln sie sehr akkurat.

Schule

Wie in europäischen Städten hängt die Qualität der Lehrkörper und damit des Unterrichtes von der geographischen Lage einer Schule ab. Während es in der Sowjetunion auch in den Vorstädten quer durch die Schichten ging, ist dies heute in den Großstädten nicht mehr der Fall. Die Schichten haben in den letzten Jahren langsam begonnen, sich nach Wohnviertel zu trennen.

Von 20 Studenten an einer pädagogischen Hochschule arbeiten maximal 10 Prozent nach dem Studium als Lehrer. Der Rest sucht sich Jobs als Sekretärinnen, Sachbearbeiter, Verkäufer (in Russland als Manager bezeichnet) oder sie machen eine zweite Ausbildung. Lehrergehälter gehören, wie die Gehälter von Polizisten und Ärzten, zu den niedrigsten in Russland. Insbesondere auch auf dem Lande macht sich der Lehrermangel dramatisch bemerkbar. Pädagogische Institute absolvieren oft Studenten, die von Haus aus kein Geld für eine andere Hochschule haben oder die einfach nicht wissen, was sie aus ihrem Leben machen wollen. Tatsächlich sind die pädagogischen Hochschulen die einzigen, an denen man relativ leicht und kostenlos aufgenommen wird. Psychologische Eignungstests sind dabei unbekannt. Die wenigen Studenten, die aus Überzeugung Lehrer werden wollen, haben gegen ein chronisch schlechtes Lehrerimage anzukämpfen – auch wenn sie selbst wirklich engagierte und begabte Lehrer werden möchten.

Wenn sie dann noch an eine Schule kommen, wo sich die Eltern der Kinder nicht für deren Schulerfolge interessieren, kämpfen sie tatsächlich auf verlorenem Posten. Denn, wie zu Sowjetzeiten, sind viele Schuldirektoren nicht an guten Noten interessiert, sondern an einer schönen Statistik, die behauptet, alle Kinder seien fürchterlich begabt und lernwillig. Je weniger dies die Tatsachen wiedergibt, umso mehr mahnen viele Direktoren geschönte Noten von den Lehrern an. Russische Schulen haben aber auch einige sehr gute Ansätze. So wird in Russland zwischen dem Fach „russische Sprache" und „Literatur" unterschieden.

Zumindest hat jeder Russe grundsätzlich eine bessere Allgemeinbildung im Bereich Literatur, aber auch in Musik und bildenden Künsten.

Sentimentalität

Zu den journalistischen Gerüchten gehört die Vorstellung, Russen seien sentimental. Auf den ersten Blick scheint es wirklich so, als wenn besonders ältere Leute in Russland viel sentimentaler wären als in Westeuropa.

Wer Stalin in Russland verehrt, meint nicht Stalin, und wer sich wärmstens an die Breschniewzeit erinnert, meint auch nicht Breschniew, sondern die Zeit der Jugend. Menschen in Deutschland oder Österreich, die heute 80 oder 90 sind, können sich rein mathematisch kaum über die Zeit freuen, als sie 20 waren, denn dies waren die Jahre zwischen 1938 und 1948. Vermutlich wird in wenigen Jahren eine Änderung eintreten, denn in 10 Jahren können die Nachkriegsjahrgänge anfangen, sich ihre Jugend zu erinnern, unbelastet und ohne verständnisloses Kopfschütteln anderer. Natürlich gibt es auch unter jüngeren Menschen Leute, die sich gerne warm an Vergangenes erinnern. Mehr als in Westeuropa gibt es aber mit Abstand betrachtet davon nicht. Viele Erwachsene erin-

erinnern sich gerne an Familienweihnachtsfeste, an den ersten Kuss oder an Klassenfahrten.

Wer selbst nicht zur Sentimentalität neigt, dem mögen diese Menschen in Russland mehr auffallen, schon deswegen, weil man in Westeuropa unbekannten Menschen gegenüber viel verschlossener ist als in Russland.

Sommer

Ab Anfang Mai bildet sich in den russischen Großstädten, am Freitagabend stadtauswärts und montagmorgens stadteinwärts, viel Stau. Man fährt auf die Datscha *(siehe auch unter Datscha)*. Im August nimmt der Stau unter der Woche in den Städten schlagartig ab, denn der August ist Ferienzeit. Man fährt, um der Sommerhitze und dem Smog zu entgehen in den Urlaub. Soviel zur Theorie. Praktisch kann es auch Mitte Mai bereits 30 Grad heiß sein. Der Winter ist lang, der Frühling kurz und heftig und im Sommer blühen die Russen auf. Wer im August arbeitet, schickt gerne die Familie alleine in den Urlaub oder auf die Datscha, wo sich dann am Wochenende die besagten Staus bilden, die bis tief in die Nacht andauern können (besonders in Moskau). Wer in der Stadt bleibt, spaziert abends auf den Boulevards und in den Parkanlagen der Städte. Die Russen entwickeln in den kurzen Sommermonaten ein Flair, das an das Pariser erinnert. Einziger Wehmutstropfen, der nächste Winter kommt bestimmt. Doch der ganze Traum ist spätestens am 1. September ausgeträumt. Dann ist Schulbeginn und die Kinderlosen nutzen nun die Zeit, um kostengünstiger und ruhiger am schwarzen Meer ihren Urlaub zu verbringen.

Der August ist in den Städten der umsatzschwächste Monat des Jahres. Eisverkäufer und Restaurants mit Terrassen im Freien ausgenommen *(siehe auch unter Winter)*.

Straßen

Werden bis heute gerne so angelegt, dass man sie nicht als gemütlichen öffentlichen Raum wahrnimmt. Mit Absicht (zumindest in Moskau) wurden ganze Häuserzeilen niedergerissen, um die Straßen zu vergrößern. Ziel war aber nicht der Autoverkehr, den es zur Sowjetzeit im europäischen Sinne kaum gab, sondern Straßen und Plätze übersichtlich und ungemütlich zu machen. Dies, so die Theorie, sollte die Lust auf Versammlungen außerhalb der Maiparaden verhindern. Demgegenüber stehen die Bepflanzungen in manchen Stadtzentren im Boulevardstil zwischen den Straßenrichtungen. Hier kann man spazieren gehen, seinen Hund ausführen oder einfach auf einer Parkbank ein Buch lesen. Leider hat die Unterbindung eines gemütlichen öffentlichen Raums auch manche historischen Stadtzentren zerstört *(siehe unter Links)*. Heute sorgt die russische Bauwut für weiteres Schwinden von harmonisch und angenehm wirkenden Stadtzentren. Manche Großstädte wollen sich mehr an den Down-Towns der USA orientieren und bauen selbst im Zentrum der Städte Wolkenkratzer.

Dabei wird geflissentlich übersehen, dass die USA niemals über historische Stadtzentren im europäischen Sinne verfügt haben.

In Moskau macht eine weitere Krankheit die Stadt unwirklich

und ungemütlich, die „mein Hof mein Gefängnis"-Mentalität. Wo immer möglich werden um die einzelnen Häuser hohe Zäune gezogen und so die früher in Moskau angenehme Variante der Spaziergänge über lauschige Hinterhöfe einfach versperrt. Jedes Haus versucht seinen Hof zu privatisieren und die Leute auszuschließen.

Es macht weder das Stadtbild schöner, noch die Stadt selbst freundlicher. Dafür sorgt es für Abschottung und einen Gefängnischarakter. Jedem seinen eigenen goldenen Käfig.

Straßenhund (дворнага) *(siehe unter Tiere)*
Süßigkeiten

Kaum ein Volk ist begeistert von Süßigkeiten, wie die Russen. Unabhängig vom Geschlecht sind die Russen ein Volk von Schleckermäulchen. Da wird von erwachsenen Männern süße Kondensmilch und Nutella auch einfach mit dem Löffel gefuttert. Schokolade ist besonders in der Zartbittervariante (schwarze Schokolade) sehr beliebt und Torten werden mit gewöhnungsbedürftigen chemischen Cremes begeistert weggeputzt. Dafür backen Russen erstaunlich wenig. Zwar kann man die Russen sehr schnell für Früchtekuchen begeistern, aber auf den Gedanken zu kommen, selbst zu backen, fällt nur der Landbevölkerung und noch einigen Omas ein.

Sehr lecker sind übrigens Sirniki (Сырники), eine Art Quarkbulette. Wichtig ist: selbst gemacht sind sie besser als gekauft, da sie nach klassischen Omarezepten über ein Minimum an Mehl verfügen. Im Idealfall sind Rosinen drin *(Rezept siehe im Anhang)*.

T

Tabus

Diskussionen im Freundeskreis über Sex. Das Alter von Frauen, egal wie alt die Frau ist.

Eher unerwünscht sind Diskussionen über Stalin die als allgemeine Kritik an Russland verstanden wird, oder liebevolle Äußerungen zur Person Gorbatschow oder Jelzin. Damit würde man sich aus russischer Sicht absolut blamieren. Ebenfalls äußert man sich nicht in der Öffentlichkeit über das eigene Gehalt. Über diese Themen kann man sprechen, aber nicht in einer größeren Freundesrunde.

Tanken

Man hüte sich vor Tankstellen, die deutlich billiger, als alle anderen Konkurrenztankstellen oder die von Einheimischen offensichtlich nicht angefahren werden. Das Panschen von Benzin mit Wasser wird von kleinen Tankstellen leider gerne praktiziert. Hier hilft nur eines: Schnüffeln. Russisches Benzin riecht alles andere als fein, gepanschtes Benzin riecht aber tatsächlich weniger scharf. Natürlich funktioniert der Trick nur bei Tankstellen mit alten Einfüllstutzen, auf dem Land sind diese aber noch weitläufig verbreitet.

Theater

Nicht nur in den Großstädten, sondern auch in kleinen Provinzstädten geht die Bevölkerung gerne ins Theater. Zur Sow-

jetzeit gastierten auch bekannte Theatergruppen in Kulturzentren hinterster Dörfer, so dass auch recht ungebildete
Menschen in Russland durchaus ins Theater gingen. Zur Sowjetzeit haben Eintrittskarten fast nichts gekostet. Heute sind
die Kulturzentren geschlossen und die Theaterkarten für die
Gastspiele kosten auch in den Provinzen viel Geld, dennoch
gehen die Russen bis heute gerne ins Theater. Gerade im
Winter eine angenehme Abwechslung an langen Winterabenden.

Tiere

Die Städter in Russland haben zu Tieren die gleiche Einstel-
lung wie Westeuropäer. Tiere sind Kinderersatz, Freund und
Partner. Etwas gröber und archaischer geht es auf dem Land
zu. Kettenhunde und Hundehütten gehören auf dem Land zur
normalen Ausstattung.
Über Tierdressur gibt es viele Gerüchte, die nicht immer auf
einen humanen Umgang mit Tieren schließen lassen.
Ein Gesetz gegen Tierquälerei gibt es erst seit Beginn dieses
Jahrhunderts.
Was allerdings Straßenhunde in Russland anbelangt, so sind
es die am besten ernährten Straßenhunde auf der ganzen Welt.
Jeder Straßenhund hat meistens sein Wohnviertel und dort
wiederum eine feste Nahrungsroute, sozusagen von Wurststand zu Wurststand, von einer Restaurantküche mit Hinter-
hof zur nächsten. Ältere Leute, Parkplatzwächter, Büroange-
stellte etc. pflegen sowohl Katzen als auch Straßenhunde in
den Wohnvierteln zu füttern.

Straßenhunde, die im Winter ihr festes Plätzchen in einem Wohnhauskorridoren haben, sind keine Seltenheit. Hätte Moskau keine Straßenhunde, so behaupten zumindest die Zoologen, hätte die Stadt ein viel größeres Problem mit Ratten. Von diesen Tieren soll es (mit Hunden und Katzen die sie jagen) rund 12 Millionen in der Stadt geben, ohne Hunde könnten sie problemlos, die vierfache Populationsgröße erreichen.

Der Moskauer Straßenhund ist auf jeden Fall der pummeligste und zufriedenste Straßenhund der Welt.

Trinken (siehe unter Getränke)

U

Unsere (наше)

Eine beliebte russische Redewendung, die eigentlich aus der Gefängnissprache stammt, besagt „die entsprechende Person ist bekannt und hat sich in einer bestimmten Gesellschaftsgruppe (oder Berufsgruppe etc.) als zuverlässig, vertrauenswürdig und brauchbar erwiesen". Der Begriff „Nasche" (also „unsere") wird heute aber auch durch das Bildungsbürgertum verwendet. Jede Gruppe hat ihre eigenen sozialen Kontakte, ihren eigenen Mikrokosmos. Wer versucht, in eine neue oder andere Gruppe zu kommen, muss sich jeweils zuerst das Vertrauen erwerben, auch dann, wenn es letztlich berufliche Kontakte sind. Dafür ist man dann innerhalb weniger Monate (im Schnitt dauert so etwas 7 bis 9 Monate) in der ganzen Gruppe wie ein bunter Hund bekannt, auch bei Leuten, die man persönlich gar nicht kennt. Wer also mehrere Berufe ausübt und Hobbys nachgeht, hat jedes Mal das Problem, sich zum

„unserer" zu mausern. Interessant, aber im beruflichen Umfeld anstrengend, jedoch unerlässlich.

Dafür, wer mal in einem Mikrokosmos drin ist, ist drin. Alles andere läuft auf der Basis „ eine Hand wäscht die andere". Sich gegenseitig zu helfen, gilt als Ehrensache. Dieser Mikrokosmos ist praktisch für einen guten Ruf, wirtschaftliches Wohlergehen, sowie für das soziale Leben unerlässlich. In diesen Gruppen entstehen Freundschaften fürs Leben und man hilft sich selbstredend weiter. Man sollte es sich also niemals mit einem Mikrokosmos verderben und gerade die ersten Schritte in einer neuen Gruppe mit Bedacht machen.

In Russland kommt man ohne die Hilfe solcher Gruppen niemals nirgendwo hin. Leider etwas, was viele Ausländer häufig nicht verstehen und dann über mangelnde soziale Kontakte oder über wirtschaftliche Probleme klagen.

Unterricht

Kann man in Städten heute für alles Mögliche und Unmögliche nehmen.

Es gibt aber bis jetzt in Russland kein Äquivalent zu den Volkshochschulen. Was den Schulunterricht anbelangt, so gibt es wegen Lehrermangels oft geteilten Unterricht; das bedeutet – eine Gruppe geht von 8.00 bis 13.00 Uhr zur Schule, die andere Gruppe von 13.00 bis 18.00 Uhr.

Daneben gibt es sog. Externate, die Schüler lernen ab der 10. Klasse nicht mehr in der Schule, sondern zu Hause und legen in der Schule nur die Prüfungen ab. Hochschulen kann man regulär am Tag besuchen oder Abendschulen oder

Wochenendunterricht machen. Es gibt auch die Variante, zu Hause zu lernen und nur während zweier Monate pro Jahr die Prüfungen abzulegen.

Wobei sowohl die Abendschulen, als auch die externe Variante, in Russland als minderwertig gelten.

V

Vatersname (отчество)

Ein Überbleibsel der Feudalherrschaft. Bei Leibeignen war es nicht von Belang einen Nachnamen zu geben, wohl aber um sein Vermögen als Besitzer zu vermehren, kinderreiche Familien zu haben. Bis heute hat man das Gefühl, Russen identifizieren sich wenig mit ihrem Familiennamen. Nur alte Leute werden mit dem Nachnamen angesprochen. Ansonsten ist es üblich, den Vornamen und den Vatersnamen zu verwenden. Der Vatersname wird automatisch bei der Geburt durch den Vornamen des Vaters vom Standesamt registriert. In den von Moskau weit abgelegenen Provinzen hat es sich als vorteilhaft erwiesen, wenn auch Westeuropäer sich an diese Gepflogenheit halten und auf ihrer Visitenkarte den Vatersnamen angeben. Insbesondere bei Verhandlungen mit Behörden erleichtert dies die Arbeit. Ihr Name lautet z.B. Peter Müller und ihr Vater hieß Nikolaus Müller; In diesem Fall müsste auf der Visitenkarte der Name Peter Nikolajewitsch Müller stehen. Unter Frauen hieße das Equivalent Petra Nikolajewna Müller. In Moskau können Sie dies getrost sein lassen. Die meisten Menschen verstehen, dass die Anrede „Sie" mit Vornamen (mangels Vatersnamen wird im Regelfall zu dieser Variante gegriffen) kein Grund zu einem intimeren Verhältnis

oder mangelndem Respekt dem Gesprächspartner gegenüber
Anlass gibt.

Verpflichtung

Es gibt in Russland soziale Gesetze, die der Russe als selbst-
verständliche Verpflichtung ansieht. Dazu gehört die Pflege
alter Familienangehöriger bis zu deren Tod in der eigenen
Wohnung.

Das sich kümmern um die alten Eltern, sowohl finanziell als
auch als Sterbebegleitung, das Finanzieren der eigenen Kinder weit über ihre Studienjahre hinaus (wenn sich die Eltern
dies leisten können).

Die gegenseitige Hilfe im Netzwerk über die eigenen Bekann-
tenkreise *(siehe auch unter „Unsere")*.

W

Wertvorstellungen

Unterschiedliche Generationen haben mittlerweile unterschiedliche Wertvorstellungen. Neben dem, das die Wertvor-
stellung eine Generationenfrage ist, ist heute auch ein Großstadt und Provinzgefälle vorhanden. Gemäß soziologischen
Umfragen stehen Kinder knapp vor den Freunden, gefolgt
von Familie allgemein und der Gesundheit. In Großstädten
wandelt sich das Wertesystem unter den jüngeren Menschen
hin zu europäischen Maßstäben: die Karriere steht an erster
Stelle, gefolgt von Gesundheit und Geld. Wobei das Geld
mehr als Grundlage für Familie und die Freunde verstanden
wird, als dies in Westeuropa der Fall ist.

Winter

Wer Wintersportarten liebt, träumt im Sommer in Russland vom Winter. Wer gerne darauf verzichtet kann, ist meistens weniger vom Winter zu begeistern.

Der Winter ist die Zeit, in der man schnell von A nach B geht und die schweren, warmen Kleider verflucht. Auf der Straße ist es kalt, in der Metro stickig heiß und im Büro, dem Institut oder der Schule tauscht Frau die Stiefel zuerst gegen Stöckelschuhe aus. Der Winter ist für Städter wegen des Wechsels von manchmal sehr kalt auf der Straße und warm in Einkaufsläden oder den öffentlichen Verkehrsmitteln anstrengend – ebenso wie für die Landbevölkerung, weil noch oft mit Holz geheizt wird und am Morgen der Ofen angefeuert werden muss. Hat man Pech, hat es in der Nacht geschneit und bis zum Holzlager muss Schnee geschippt werden. Der Winter ist die Zeit, in der man ins Theater geht und sich beruflich voll verausgabt, dafür kann man sich im Sommer an langen hellen Abenden erfreuen. Dafür schimpfen alle in Russland über die absolut nutzlosen langen Feiertage vom 31.12. bis ca. 10. Januar. Die meisten hätten lieber mehr freie Tage im Mai. Gleich nach dem 1. Mai folgt mit dem 8. Mai der nächste Feiertag. Tatsächlich würde dies mehr Sinn und Spaß machen.

Winterdepressionen

Dagegen helfen einige einfache Hausmittelchen wie schwarze Schokolade, Duftkerzen, Badeöl und alles andere, das gute

gute Stimmung fördert. Interessanterweise behauptet die russische Statistik, in Russland würden die Depressionen beim Einsetzen der Schneeschmelze zunehmen. Nach Meinung russischer Psychiater ist der graue Matsch auf den Straßen gefährlicher für die russische Psyche, als der lange, dunkle Winter.

Wohnungen

Russische Wohnungen sind meistens klein. Zur Mittelklasse gehört eine Familie, die über genauso viele Räume, wie es Familienmitglieder in der Wohnung gibt, verfügt. Also bei zwei Personen zwei Zimmer, bei drei Personen drei Zimmer und so weiter.

Für den Westeuropäer ist es schwer nachzuvollziehen, wie man zu zweit in einer Einzimmerwohnung leben kann. Platzmangel wird dort durch die Küche als gemeinsamer Mittelpunkt der Wohnung überbrückt. Wenn man sich nun überlegt, dass es nach wie vor Familien gibt, in denen drei Generationen in einer Einzimmerwohnung wohnen, dann kann man darauf nur entweder mit Respekt oder nacktem Grauen reagieren. Wünschen tut man es sicherlich niemandem.

So rührend, wie russische Wohnungen gepflegt und ausgestattet werden, so wenig kümmern sich die meisten Russen um den gemeinsamen Hausflur oder die Sauberkeit in den Fahrstühlen. Wer sich das nächste Mal über einen schmutzigen Hausflur wundert, dem sei auf den Weg gegeben: „Russen wohnen nicht im Hausflur". Im Winter müsste ein Hausflur praktisch täglich geputzt werden, aber viele Bewohner kön-

können sich dies unter Umständen einfach finanziell nicht leisten. Viele Stadtbewohner sind nicht in Städten geboren und haben einen eigenen Umgang mit dem, was man als allgemeinen oder öffentlichen Raum bezeichnet. Hinzu kommt, das man für die Hausflurreinigung bezahlt und das nicht wenig – verständlich, dass da niemand Lust hat, selbst Hand an zu legen. Besserung gibt es in Häusern mit Videoüberwachung aber zum Preis der eigenen Freiheit, da sind nicht tadellose Hausflure vorzuziehen.

Z

Zeit

Russen scheinen meistens im „heute" zu Leben, manchmal noch im Gestern, aber sehr selten im Morgen. Während man in Westeuropa Kinder darauf trainiert, an das Morgen zu denken, versuchen die russischen Massenmedien (aber auch die Schule) eher die Vergangenheit kulturell zu pflegen. Die Erwachsenen haben den Zusammenbruch eines ganzen Systems erlebt, anschließend eine zweite Katastrophe 1998. Die Mittelschicht Russlands hat innerhalb weniger Jahre zweimal praktisch „wieder von vorne" anfangen müssen. Haben zweimal praktisch alles verloren. Hier liegt der Schlüssel für die Abneigung, Kinder dahingehend zu erziehen, dass vor allem das Morgen zielgerichtet erarbeitet werden muss. Was gestern war, wissen die meisten Menschen. An ein Morgen können heute zwei Generationen nur schwer glauben. Hinzu kommt der archaische Glaube an das Schicksal, das vielen Russen sehr sympathisch erscheint. Man ist nicht selbst Schuld, sondern das Schicksal wollte es nicht anders. Hier treffen sich tatsächlich Okzident und Orient.

Wer einmal an einem warmen Sommertag in der Provinz auf einer Datscha oder in einem Bauernhäuschen war, der weiß: Ein Tag auf dem Lande dauert wie drei Tage in der Stadt. Träge kann der Garten an heißen Sommertagen nur von Insekten umsummt daliegen. Die Tage sind lang und die Sonne geht erst um 22.30 oder 23.00 Uhr unter.

Liegt das Häuschen in der Nähe St. Petersburgs, wird es im Juni und Juli überhaupt nicht dunkel. Bereits um 4.00 Uhr wird es wieder Tag. Wessen Zeitgefühl kann da nicht durcheinander kommen *(siehe auch unter Oblomow)* .

Zu guter Letzt

Ein Buch über russische Alltagskultur ist zwangsläufig zum Teil auch subjektiv. Nach 13 Jahren Russland versteht man zwar selbst durchaus das Land und seine Bewohner, nicht immer lässt sich dies aber in Worte fassen. Ein Buch über die Alltagskultur kann auch nur einen Versuch eines repräsentativ durchschnittlichen Verhaltens ergeben. Dieser Durchschnitt hängt aber auch vom eigenen Umfeld ab. Sowohl im privaten als auch im beruflichen Umfeld habe ich als Autor seit Jahren fast nur mit Russen zu tun. Als im Westen geborene, bin ich heute jemand, die man als erfolgreich assimilierte bezeichnen könnte. Von jeher (und dies merkt man natürlich auch am Text) bewege ich mich in der Mittelschicht, vornehmlich der so genannten Intelligenzija.

Als Mittelschicht werden heute Menschen mit einem Einkommen von 30 000 Rubel im Monat bezeichnet (in Moskau). Diese Personengruppe verfügt im Regelfall über mindestens eine Hochschulausbildung und oft über einen Doktortitel. Dementsprechend schildere ich natürlich das Meiste aus der Sicht dieser Schicht.

Es gibt Dinge, die in diesem Buch fehlen, weil auch meine Kenntnisse nicht dazu ausreichen, es einem westeuropäischen Leser nahe zu bringen.

Dazu gehören die Gefängnisse mit ihrer spezifischen Kultur (in Russland auch gerne „Zone" genannt). Ich habe auch keine Lust solche Erfahrungen zu sammeln und das, was ich darüber weiß, stammt aus Literatur und Filmen, die ich dem Leser auch nicht vorenthalte, sondern im Anhang ausführlich vorstelle.

Woher kommt es, dass Menschen, die in einer Diktatur groß
geworden sind, so gerne über andere Tratschen? Warum haben russische Männer eine Vorliebe für „das Beinchen am
Baum heben", oder einfacher formuliert, für das Pinkeln im
Park oder neben dem Auto auf Überlandstraßen? Darüber
kann auch ich nur spekulieren und gehe deswegen auf solche
Themen nicht ein.

Andere Themen würden für sich genommen ganze Bücher
füllen und können nur kurz angestoßen werden. Dazu gehört
sicherlich die russisch orthodoxe Kirche, ihre Riten und ihre
Glaubensauslegungen.

Wir werden als Buchreihe in absehbarer Zeit auf dieses Thema mit einem Buch eingehen.

Die Literatur, bildende Kunst und Filme kommen im Anhang
zu Worte , denn hier sprechen die Bücher und Filme für sich.
Wer sich in das Thema „Russische Kultur" weiter vertiefen
möchte, der sollte von diesen Büchern und Filmen gebrauch
machen. Bildende Kunst wird vor allem in Internetlinks empfohlen.

Etwas Statistik

Quelle: www.gks.ru
Föderales statistisches Amt der russischen Föderation

Die Zahlen sind für das Jahr 2006

Offizielles Durchschnittsgehalt monatlich 2006 (in Rubel Kurs 34 Rbl. 1 Euro) in div. Branchen

Landwirtschaft	4 600
Energiesektor	27 000
Lebensmittelproduktion	8 800
Textilindustrie	5 000
Chemische Industrie	12 000
Metallbau	10 500
Bauindustrie	11 000

Auf 1 000 Menschen kommen 269,5 Pensionäre. Insg. gibt es in Russland 38,3 Millionen Rentner.

Eine Durchschnittsrente im Jahre 2006 betrug 2 726 Rbl.

Als Existenzminimum galten 2006 im 4. Quartal folgende Summen:
Für Pensionäre 2 739 Rbl. für Kinder 3 290 Rbl. und für Erwerbstätige 3 714 Rbl.
Was über dieser Grenze liegt ist über der Armutsgrenze. Einen Warenkorb im europäischen Sinne gibt statistisch noch

nicht. Die Inflation wird auf Grund aller Preise berechnet. D.H. auch Luxusprodukte, teure Fahrzeuge bis zur Jacht werden zur Inflationsrate hinzugerechnet. Luxusprodukte werden aber durch den fallenden Dollar eher billiger, auf die Preise für Lebensmittel hat dies aber keinen Einfluss. So besteht immer eine Diskrepanz zwischen gefühlter Inflation des normalen Verbrauchers und der offiziellen Inflationsrate des Staates.

Durchschnittliche Quadratmeter Wohnung pro Person:

Stadt	20,8 qm
Land	21,9 qm

Die Inflation betrug zwischen Dezember 2007 und März 2008 rund 4,8 Prozent. Im Vergleich zum Vorjahreszeitraum nahm die Inflation um 1,4 Prozent zu. Deutlich stiegen dabei die Preise für Produkte die Korn als Grundstoffe verwenden. Insbesondere Teigwaren, Brot und ähnliches.

Stichwortverzeichnis

Aberglauben

Abstand

Arbeit

     Arbeit suchen und finden

     Arbeitsplatz

     Arbeitskollektiv

     Arbeitszeiten (siehe auch Öffnungszeiten)

Ärztliche Versorgung (siehe unter Medizin)

Aufmerksamkeiten

Ausleihen

Ausstellungen

Auto

     Autofahren

     Autoreifen

     Autoreparatur

Babuschka

Begrüßen

Bekannte und Beziehungen

Bemuttern

Berufsfeste (siehe unter Feste)

Bettler

Blumen

Bücher

Business

Computer und Internet

Datscha (Wochenendhaus)

Dieb im Gesetz (Вор в законом)

Dosenöffner

Eingemachtes

Einkaufsbummel

Einladen

Essen

Essenszeiten

Euroremont

Fahrrad fahren

Fernsehen

Feste

       Frauentag

       Geburtstag

       Männertag

       Neujahr

       Berufsfeste

Frauen und Männer

Frauentag (siehe unter Feste)

Freundschaft

GAI (ГАИ)

Gast sein

Gastgeber sein

Geburtstag (siehe unter Feste)

Geld

Geschenke

Gesprächsführung

Getränke

Heirat

Hygiene

       persönliche

im Haushalt

Hüte und Mützen

Intelligenzija

Jahreszeiten

Kaffee

Kinder

Kindergarten

Kloster und Kirchen

    Glaube

    Kleidung

    Ritus

Konzerte (siehe unter Theater)

Kostenloser Käse

Krankenhaus (siehe unter Medizin)

Kredit

Kritik

Küche

Lebkuchen (пряник)

Lebenspartner

Liebe

Männer und Frauen

Männlichkeitsriten

Maslenize (масленица)

Masochismus

Maßeinheiten

Mat

Medizin

    Ärztliche Versorgung

    Krankenhaus

Mobiltelefone

Musik

Neujahr (siehe unter Feste)

Nitschiwo (zu Deutsch: macht nichts, oder ничего)

Normal (нормально)

Oblomow

Öffentlicher Transport

      Bus und Straßenbahn

      Metro

      Züge

Öffnungszeiten

Pelze

Politik im Alltag

Pottext (Пот текст)

Religion (siehe unter Klöster und Kirchen)

Restaurant

Russen als Touristen

Schuhe

Schule

Sentimentalität

Sommer

Straßen

Straßenhund (дворнага)

Süßigkeiten

Tabus

Tanken

Theater

Tiere

Trinken (siehe unter Getränke)

Unsere

Unterricht

Vatersname

Verpflichtungen

Wertvorstellungen

Winter

Winterdepressionen

Wohnungen

Zeit

Schlusswort

Kultur zum Mitnehmen

Bekannte und weniger bekannte Mitbringsel aus Russland.

• Sondermünzen der russischen Zentralbank erhältlich bei der Zentralbank und bei russischen Sparkassen. Wir empfehlen den Kauf bei der Zentralbank, da die Auswahl viel größer ist als in den Sparkassen. Zentralbank Neglinnaja Ul. 12 in Moskau und im Internet www.cbr.ru Erinnerungsmünzen, Webseiten in Englisch
• Postsondermarken an jeder Postdienststelle
• Zedernöl (in jedem guten Supermarkt in Russland) Artikel zum Thema Russisches Zedernöl aus Sibirien: russland.ru/wissenschaft/morenews.php?iditem=395
• Traditionelle Holz und Lackarbeiten
• Gschel, Traditionsporzellan aus Moskau. Handgemacht, blau auf weißem Grund. Achtung! An Metrostationen werden billige Fälschungen aus China verkauft. Leider nur in Russisch Informationen zur Produktion und Bilder mit Preisangaben: www.ruspromysel.ru/gzhel/gzhel.html.
• Petersburger Porzellan, Webseite auch in Englisch www.spbfarforz.ru
• Bildbände aus Russland, sind noch immer deutlich billiger als in Westeuropa. In Moskau:
• Dom Knigi, Ul. Nowi Arbat Nr.8 neben der Metrostation Arabat Internet: www.mdk-arbat.ru
• In Petersburg findet man gute Buchgeschäfte entlang des Newskiprospekts. Öffnungszeiten 10.00 – 21.00 meistens 7 Tage in der Woche.

Literatur, garantiert mit Kultur

Wir können nicht alle Meisterwerke der russischen Literatur aufzählen, deswegen erlauben wir uns nur eine kleine Auswahl zu präsentieren.

Michael Bulgakow
Titel: Meister und Margherita ISBN 978-3630620930, Ein in Russland sehr beliebtes Meisterwerk
Fjodor Dostojewski
Titel: Der Idiot ISBN 978-3423124072, am Besten besucht man anschließend die Stadt Myschkin.
Titel: Schuld und Sühne, ISBN 978-3423020244, Für Fans von Petersburg ein Muss!
Nikolai W. Gogol
Titel: Der Revisor ISBN 978-3150008379 Zeitlos aktuell
Titel: Die toten Seelen ISBN 978-3423126076 absolut zeitlos
Iwan Gontscharow
Titel: Oblomow ISBN 978-3423124959. Reizend, einfach ein sympathischer Faulpelz
Viktor Pelewin
Titel:Generation P ISBN 978-3548601618. Gegenwartsautor, sehr empfehlenswert.
Alexander Prochanow
Titel: Jenseits russischer Villenzäune ISBN 978-3837010541. Gegenwartspublizist, ein guter Einblick in die Symbolik zeitgenössischer Intelligenzija.
Warlam Schalamow
Titel: Erzählungen aus Kolyma1 ISBN 978-3882216004. Den

biographischen Film gibt es leider nur in Russisch bei: www.posylka.de. Saweschanje Lenina (Завещание Ленина) von 2007 sehr empfehlenswert!

Allerlei von europäischen Autoren:

Roland Bathon
Titel: Russischer Wodka ISBN 978-3837001730. Räumt gründlich mit Vorurteilen auf.
Kai Ehlers
Erotik des Informellen ISBN 978-3859900493. Von Russland kann man etwas lernen.
Pawel Florenski
Titel: Die Ikonostase ISBN 978-3878385875
Gabriele Krone-Schmalz
Titel: In Wahrheit sind wir stärker ISBN 978-3612265005 ein älteres aber noch immer aktuelles Buch über russische Frauen.
Titel: An Russland muss man einfach glauben ISBN 978-3612260123 Ein seltener Fall eines Journalisten dem sein Arbeitsort am Herzen liegt.
Missa Mystica. Spiritualität und Kunst in Russland ISBN 978-3783122824. Liturgie und Mystik in der orthodoxen Kirche.
Peter Scholl-Latour
Titel: Russland im Zangengriff ISBN 978-3548369792. Gute Analyse der Probleme Russlands anhand der geographischen Lage.

Simone Voigt

Titel: Zeitgenössische Architektur in Russland ISBN 978-3938666357

Bildende Kunst

Auf Grund der Fülle lediglich einige interessante Weblinks:

Levitan Isaak	smallbay.ru/levitan.html
Surikow Wasili	smallbay.ru/surikov.html
Wereschagin Wasili	smallbay.ru/vereshagin.html

Tretjakowski Galerie   www.hydojnik.ru

Ermitage in Petersburg   www.hermitagemueseum.org

Zeitgenössische Kunst in Moskau
                              www.mmoma.ru

Der Filmemacher Ralf Brings mit hervorragender Webseite zu moderner russischer Kunst und Kultur von Pop bis Film.
                              russen-art.de

Lexikon russisches Mat   www.awd.ru/dic.htm

Film wo Kultur zu sehen ist

Viele sehenswerte Filme gibt es leider nur in Russisch, in diesem Falle weisen wir entsprechend darauf hin.

Deutsche Untertitel Bezugsquelle www.datscha-projekt.de
Die weiße Sonne der Wüste, Klassiker mit viel Ironie und Symbolik
Oblomow, Der Film ist eng an das Buch angelehnt.
Weißer Bim, schwarzes Ohr, Gut zum üben mit Symbolik umzugehen. Den Hund gegen die Gesellschaft austauschen. Achtung! Kein Kinderfilm (Filme die als Kinderfilme gedreht wurden, unterlagen weniger der sowjetischen Zensur).

Deutsche Version Bezugsquelle www.posylka.de
Die Garage, Interessante Einblicke in das sowjetische Miteinander.
Krieg und Frieden, Der Film des Regisseurs Bondartschuk hält sich bis in die kleinsten Details an die Romanvorlage, was man von der westeuropäischen Version nicht behaupten kann.
Moskau glaubt den Tränen nicht, Film von 1980 der im Moskau der 50er Jahre speilt und drei Frauenschicksale beschreibt.
Stalker, geniales Kino, Film von 2003

Filme in russischer Sprache www.datscha-projekt.de
Hasche Russia, Serie von TNT, für Kenner russischer

Begegenheiten des Alltags. Moderne Slapsticks, manchmal etwas unter der Gürtellinie.

Zona, Filmserie über ein russisches Gefängnis gilt als sehr realistisch, insgesamt 55 Teile, sehr sehenswert.

Filme in russischer Sprache www.rumir.de

Jeralash, für Menschen die Russisch lernen. Die Kinderslapstickserie bietet interessante kulturelle Einblicke in die letzten 30 Jahre des Landes. Lustiger als viele Serien für Erwachsene.

Schestokest, Film von 2007 interessant.

Semnadcat mgnovenij vesny, Stirlitz aus den 70ern, absoluter Kult aber nur schwer erträglich. Zumindest kennt man anschließend den Unterschied zwischen James Bond und der russischen Variante. Unfreiwillig, für Westeuropäer sehr amüsant. Klar geht man da lieber für den MI5 arbeiten. Prädikat „man sollte mal eine Folge gesehen haben".

Utchitel v zakone, 2007 interessant

Zadornov Michael, Sprachhumor, elegant ohne flache Witze, benötigt sehr gute Sprachkenntnisse. Etwas vom, wenn nicht - das Beste im Bereich Humor.

V kruge pervom, TV-Serie über das Leben von Wissenschaftlern im Gulag.

Troij is Prostokwaschino, Zeichentrickfilm 1980, gut um Hörverstehen zu üben, interessante Einblicke ins Landleben.

Wissenschaftskulturklassiker

Dmitri Iwanowitsch Mendelejew (Дмитрий Иванович-Менделеев) 1834 – 1907, Chemiker, Begründer der Tabelle für chemische Elemente.
Bücher in der deutschen Nationalbibliothek:
dispatch.opac.d-nb.de/DB=4.1/REL?PPN=118641069

Michail Wassiljewitsch Lomonossow (Михаи́л Васи́льевич Ломоно́сов) der Humboldt Russlands 1711 – 1765 Universalgelehrter.
Bücher in der deutschen Nationalbibliothek:
dispatch.opac.d-nb.de

Wladimir Iwanowitsch Wernadski (Владимир Иванови Вернадский) 1863 – 1945, schillernde Persönlichkeit, Begründer der Idee der Nanossphäre, popularisierte die Biosphäre.
Bücher in der deutschen Nationalbibliothek:
dispatch.opac.d-nb.de/DB=4.1/REL?PPN=118631411

Konstantin Eduardowitsch Ziolkowski (Константин Эду-ардович Циолковский) 1857 – 1935 Begründer der Raumfahrt und Rakettentechnologie.
Bücher in der deutschen Nationalbibliothek:
dispatch.opac.d-nb.de/DB=4.1/REL?PPN=118702351
92

Kulturklassiker für den Magen

Sbitenj (Сбитень)

1 Kg Honig, 40 gr. Hopfen, Lebkuchengewürz (Zimt, Nelken, Kardamom, Pfefferminze und weitere nach Geschmack) sowie 3 Liter Wasser, 15 gr. Hefe in Wasser aufgelöst.

Den Honig im heißen Wasser gut vermischen und einen Tag ziehen lassen. Anschließend während zwei Stunden schwach köcheln lassen und den Schaum abschöpfen. 15 Minuten vor Ablauf der Kochzeit den Hopfen und die Gewürze beifügen. Das Getränk in einen sauberen verschließbaren Topf füllen und flüssige Hefe hinzufügen. Nach 14 Tagen absieben und in Flaschen verschlossen im Kühlschrank aufbewahren.

Kwas (Квас)

Brotkwas (Хлебный квас)

700 gr. Roggenbrot, 7 bis 9 Liter Wasser, 1 Glas Puderzucker (ca. 250 gr.) 20 gr. Hefe, 4 bis 5 Stück Rosinen oder einige Blätter frische Pfefferminze.

Das Brot in nicht zu große Stücke schneiden und im Backofen bei 120 Grad trocknen. In 5 bis 6 Liter Wasser die getrockneten Brotstücke aufweichen und nach 4 bis 5 Stunden 2 Liter kochendes Wasser hinzufügen. Die Brotmasse mit dem Wasser vermischen. Anschließend Puderzucker und Hefe dazugeben und bei Zimmertemperatur 8 bis 10 Stunden stehen lassen. Den fertigen Kwas absieben, Rosinen oder Pfefferminze zugeben und in saubere Flaschen abfüllen. Noch 2 Tage im Kühlschrank ziehen lassen.

Aus Moosbeeren (Клюквенный квас)

500 gr. Moosbeeren, 250 gr. Puderzucker, 20 gr. Hefe, 5 bis 6 Liter Wasser.

Die Moosbeeren 10 bis 15 Minuten im Wasser leicht köcheln lassen.

Den Puderzucker hinzufügen und auf Zimmertemperatur abkühlen lassen. Die Hefe zugeben und an einem warmen Ort 2 bis 3 Tage ziehen lassen. Anschließend bis zum Verzehr in den Kühlschrank stellen.

Kissel (Кисель)

Aus Beeren (Ягодный кисель)

2 Gläser (ca. 500 gr.) Beeren, frisch oder aus der TK, 5 bis 6 Gläser Wasser (1 bis 1,2 Liter), 1 Glas Puderzucker (ca. 250 gr.), 3 bis 4 Tl. Kartoffelstärke

Die Beeren bei schwacher Hitze 20 Min. im Wasser köcheln lassen. Leicht abkühlen lassen und die Flüssigkeit durchsieben. Die Beeren nochmals mit Wasser aufsetzen und wieder 20 Minuten leicht köcheln lassen und durchsieben. In die noch lauwarme Flüssigkeit nun den Puderzucker geben und die aufgelöste Kartoffelstärke hinzufügen, kurz aufkochen. Die Flüssigkeit kalt stellen.

Aus Kirschen (кисель из черешен)

1 Kg. Kirschen entsteint, 1,5 Liter Wasser, 4 Tl. Kartoffelstärke, Zucker nach Geschmack, Vanille oder Zimt

Die Kirschen im heißen Wasser 20 Min. köcheln lassen , anschließend absieben. Die aufgelöste Kartoffelstärke sowie den Zucker unter mischen, nochmals auf den Herd stellen und solange aufkochen bis eine flüssige Masse entsteht. Mit Zimt oder Vanille aromatisieren. Dieser Kissel wird warm getrunken.

Mors

Mors aus Preiselbeeren (Брусничный морс)
150 gr. Preiselbeeren, 120 gr. Puderzucker, 1 Liter Wasser.

Die gewaschenen Preiselbeeren ausdrücken und den Saft auf die Seite stellen. Wasser aufkochen und mit dem Saft sowie dem Puderzucker vermischen. Wird kalt getrunken.

Sirniki (Сырники)
500 gr. Quark, 1 Ei, max. 150 gr. Mehl. Zucker und Rosinen nach Geschmack, Butter.
Den abgetropften Quark mit dem Ei vermischen und soviel Mehl hinzufügen bis die Masse etwas fester ist. Die Menge des Mehls hängt auch davon ab, ob Sie Zucker und Rosinen beifügen. Butter in der Pfanne erwärmen und kleine Quarkplätzchen ausbacken. Dazu schmeckt auch Apfelkompott oder Marmelade.

Eingemachte Salzgurken
2 Kg mittelgroße oder kleine Gurken, 3 Liter Salzlake, 2 Tl. Pfefferkörner, 5 Tl. Dill, 2 Tl. Meerrettich, 2 Tl. Estragon

Herstellung der Salzlake
Pro 1 Liter Wasser 2 Tl. Salz kurz aufkochen.

Die noch warme Lake in Gläser oder einen Steinguttopf füllen, Gewürze zugeben und die Gurken hineinlegen. Nach dem Abkühlen verschließen. Nach 2 Wochen die Salzlake erneuern. Bis zum Verzehr mindestens einen Monat warten.

Sbitenj kann man in Moskau auch in einem Kaffee probieren.
cafelandrin.ru   direkt neben der Metrostation
                        Novoslobodksjaja
                        – Ul. Suschtschevskaja Nr. 9

Literatur

Reisen in Russland

- Roland Bathon/Sandra Ravioli: *Russland auf eigene Faust*, BoD-Verlag, NachRussland-Reihe, ISBN 978-3833498695; Ratgeber für alle Reisearten, ideale Ergänzung zu jedem Reiseführer bei selbst organisierten Touren (2007)

- Angelika Gebhard/Andrey Alexander: *Wolgareise*. Herbig Verlag, ISBN 377662521X; Segelboot-Reise auf russischen Flüssen mit kulinarischem Einschlag (2007)

- Annemarie Lohfeld: *Im Auto durch Rußland, Baltikum und Ukraine*. Frieling Verlag, ISBN 3828001483;(96) zwei Damen mit dem Auto durch Westrussland und die Ukraine

- Doris Wiedemann: *Taiga Tour*, ISBN 3896623826; mit dem Motorrad quer durch Russland bis Korea (04)

- Georg Kirner: *Ein Rucksack voller Abenteuer aus Russland und der Mongolei*, Dannheimer Verlag, ISBN 3888810418; per Fahrrad von Sibirien in die Mongolei (02)

- Konstantin Abert: *Russland per Reisemobil*, Geocenter Verlag; Russland per Wohnmobil, Bericht mit Ratschläge 03

- Leonore Schnappert: *Abenteuer Sibirien*, Dolde Medien, ISBN 3928803352; mit Wohnmobil zum Baikalsee

- Markus Möller: *Lenareise*. Weymannbauerverlag, ISBN 3929395436; mit dem Kajak auf dem sibirischen Strom

- Merle Hilbk: *Sibirski Punk*, Kiepenheuer-Verlag, ISBN 3378010819; mit dem Auto durch den Osten Sibiriens

- Michael Giefer: *Zu Fuß ins Land des Dschingis Khan*, Herder Verlag; zu Fuß vom Baikalsee zur Wüste Gobi(06)

- Wolfgang Büscher: Berlin-Moskau, eine Reise zu Fuß, ISBN 349923677X; zu Fuß von Berlin nach Moskau (04)

Der tiefere Blick ins Land

• Sandra Ravioli: *Firmenpraxis in Russland*, NachRussland-Reihe, ISBN 978-3-8370-0299-7

• Alexander Prochanow: *Jenseits russischer Villenzäune* BoD-Verlag, NachRussland-Reihe, ISBN 9783837010541

• Fen Montaigne/Gerd Ludwig: *Russland*, National Geographics, der etwas andere Fotoblick auf Russland

• Gabriele Krone-Schmalz: *Was passiert in Russland*, Herbig, ISBN 978-3776625257

• Kai Ehlers: *Russland – Aufbruch oder Umbruch*, Pforte Verlag, ISBN 3856361847; kurz, prägnant und tief hinter die Kulissen der aktuellen Politik dieses Jahrzehnts

• Roland Bathon: *Russischer Wodka*, BoD-Verlag, NachRussland-Reihe, ISBN 978-3-8370-0173-0; umfassende Auskunft zum „Wässerchen" und seiner Stellung in seiner Heimat

Russische Sprache

• Elke Becker: *Kauderwelsch, Russisch Wort für Wort*, Reise Know-How Verlag, ISBN 3894162937; Sprechführer für typischen Reisendenalltag

• Ljubow Kossobokowa: *Langenscheidts Praktisches Lehrbuch, Russisch, Teil 1*, Langscheid Verlag, ISBN 3468262914; für ernsthafte Russisch-Lerner/innen (Anfänger)

• Holger Knauf: *Russisch Slang*, ISBN978-3-89416/383-9; Teil der russischen Sprache, den man nicht im normalen Unterricht lernt (Fortgeschrittene)

• Vladimir Gandelman: *Russisch*, Berthelsmann Lexikon Verlag, ISBN 3577105585; handtaschentaugliches Wörterbuch

Adressen für Russlandreisende

Spezialisierte Reiseveranstalter mit Service für Individualreisende

- Sicher Reisen Nietzsche GmbH, Möhlstraße 7, 81675 München, www.sicher-reisen.de
- Riesreisen, Omerskopfstraße 80, 77855 Achern, www.riesreisen.de
- Sputnik Travel, Stresemannstraße 107, 10963 Berlin, www.sputnik-travel-berlin.de
- Go East, Bahrenfelder Chaussee 53, 22761 Hamburg, www.go-east.de

Unterkünfte und Visumunterstützung direkt aus den Netz

- NachRussland-Reiseservice, Visumunterstützung, Hotels und Appartements service.nachrussland.de
- Der Sankt-Petersburger – Vermittlung von Ferienappartements, www.der-sankt-petersburger.de
- Nevsky GmbH, Schweiz, info@nevsky.ch , Internet: www.st-petersburg.ch
- Rauschen Reisen, Oleg Kononin, www.rauschen-reisen.de (Unterkunft in Swetlogorsk in der Kaliningrad-Region)
- Sankt-Petersburg-Ferienwohnungen, www.saint-petersburg-apartments.com./de/
- Vesta-Hotel, 92, Nevsky Prospekt, Sankt Petersburg, vshotel@rol.ru, Internet: www.vestahotel.spb.ru/de/
- www.petersburg-hotel.com - Minihotels in Sankt Petersburg unter Schweizer Leitung
- www.apartment-stpetersburg.com
- www.russian-hotels.de

Ausgefallenes und Verrücktes

- Eurolimousine Russia, TK Consult - Krügl Reisen, www.ete-russia.com - Service vor Ort im Luxus- und VIP-Bereich (und –preissegment), Visaservice

Links

Infoseiten für Filme und Bücher siehe unter Empfehlungen.

Deutschsprachige Nachrichten aus Russland

- www.russland.ru - die führende Onlinezeitung über Russland auf Deutsch
- www.mdz-moskau.eu - Onlineausgabe der Moskauer Deutschen Zeitung
- www.koenigsberger-express.com - Onlinezeitung aus Kaliningrad/Königsberg
- www.russland.tv - Audio und Video aus Russland und über Russland
- www.eurasischesmagazin.de - monatliche Zeitschrift
- www.russlandjournal.de - Online-Illustrierte aus über Russland

Deutschsprachige Homepages mit Reiseteil

- www.inrussland.net - Reisereportagen, Regioneninfos, Multimedia (Filmclip, Fotogallerien u.a.)
- www.nachrussland.de - Infos für Individualreisende und alle Reisearten, Rezensionen von Büchern
- www.russlandjournal.de - Online-Illustrierte, auch mit Rezept- und Reiseinfoabteilung
- www.abenteuerreisen-klapproth.de - private Reiseseite der „Sternenflüstern"-Familie

- www.sprachen-interaktiv.de - mit Reisebericht Moskau – Ulan-Ude

Landesinfos

- www.inrussland.net Reisereportagen, Regioneninfos, Multimedia
- www.orenburgregion.de Die Orenburg-Region im Südural
- www.inmoskau.de Der Moskau-Blog
- www.maxinmoskau.de weitere Blog aus Moskau
- www.amur-fluss.de Infoseite zu Russisch Fernost
- www.saratov.ch.tf - Infos über Stadt und Region Saratow
- www.imoe.de -Wirtschaftsinformationen Osteuropa
- www.desib.de - Deutschland-Sibirien-Portal
- www.russlandnetz.de Dolmetschen, allgemeines, Firmeneröffnungen, Arbeitsbewilligungen, Lizenzen

Weitere russische Themen im Internet

- www.konzerte.ru - Events russischer Künstler in Mitteleuropa
- www.russlandsuche.net - durchsucht deutschsprachige Russlandseiten
- www.wodka.de.tt - alles über russischen Wodka
- www.parliament-vodka.com
- www.russen-art.de - russische Videokunst als Onlineclip-Sammlung
- www.bad-bad.de/russen - Russen in Baden-Baden
- www.lichtfilm.de - Studio für Dokumentarfilme

Literatur online

* www.pinkrus.ch - Spezialist für Russlandbücher und russische Bücher
* www.suchbuch.de - Sachbuchsuche und Leseproben
* www.kulturportal-russland.de
* www.minigaid.de - Kulturportal mit russischem A k -
zent
* www.maerchen.ru - russische Märchen auf Deutsch
* www.Traumzeit-Geschichten.de.vu Geschichten
* www.bloggerin.com/ - Onlineliteratur

weitere Surftipps

* www.kulinariker.de - Onlinemagazin für Gourmets
* www.heckzelt.de - Zelte und Offroad-Zubehör
* www.carolin.no - Art-Pop
* www.bambu_maerchenbasar.de - Kindergeschichten
* www.deadseriousdesign.de kreatives, sinnvolles,
* www.rosisartonline.de.tl - mit Feder, Stift und Pinsel
* www.geschichten.ru - Fantasy und Märchen
* www.tours-reisen.de - Onlinemagazin
* www.schweiz-russland.ch –Kulturinfos

Weiter in dieser Reihe erschienen

Roland Bathon / Sandra Ravioli
Russland auf eigene Faust

Ratgeber für Urlaub und Business
ISBN / EAN 978-3833498695
broschiert, 120 Seiten

Sandra Ravioli
Firmenpraxis in Russland

Rategeber, Spiel- und Verhaltensregeln
für jedes Business
ISBN / EAN 978-3837002997
broschiert, 144 Seiten

Roland Bathon
Russischer Wodka

Wodka aus Russland, Wodka in Russland
ISBN / EAN 978-3837001730
broschiert, zahlreiche Abbildungen, 128 Seiten

Alexander Prochanow
Jenseits russischer Villenzäune

Surrealität des menschlichen Daseins im
heutigen Russland
ISBN / EAN 978-3837010541
broschiert, 196 Seiten

Sandra Ravioli / Roland Bathon
Russland anders

Geheimtipps von Moskau bis Magnitogorsk
ISBN / EAN 978-383-7015805, broschiert
zahlreiche Abbildungen, 116 Seiten

Die Zukunft spricht Russisch

Sandra Ravioli / Larissa Agafonowa

Buchhaltung und Steuern in Russland

Einfach erklärt für jedermann

Marika Krücken / Anna Kaplina

Wiesels fahren nach Russland

Eine Geschichte mit Wortschatz für Eilige
zweisprachig Deutsch-Russisch

Alexander Prochanow

Russland, das 5. Imperium

Ein Land auf dem Weg zur Weltmacht

Roland Bathon / Roselinde Dombach

Der Frostkönig

Ein Wintermärchen mit vielen liebevollen
Illustrationen - zweisprachig Deutsch-Russisch

Gunnar Juette (Hrsg.)

russland.RU

10 Jahre Hintergründe und Analysen

Exklusive Zusatztexte für alle Leser/innen
Mehr zu allen Buchtiteln
Erscheinungstermine
Autoreninfos
Buchtipps
Links

online nur unter